www.tredition.de

AF178757

Für unsere Enkelkinder

Linus, Luisa und Jonah

denen die Zukunft gehört.

Thies Claussen

Zukunft beginnt heute

Gedanken zur Entwicklung von
Wirtschaft, Gesellschaft und Technik

www.tredition.de

© 2018 Dr. Thies Claussen
Umschlag: tredition
Autorenfoto: Andreas Pohlmann

Verlag & Druck: tredition GmbH, Hamburg

ISBN
Paperback   978-3-7469-3851-6
Hardcover   978-3-7469-3852-3
e-Book   978-3-7469-3853-0

Inhalt

Vorwort

Vor 10 000 Jahren waren die meisten Menschen Jäger und Sammler. Doch die Zukunft gehörte den Bauern. Bis 1800 waren mehr als 90 Prozent der Menschen Bauern.

Dann aber kam es zu tiefgreifenden Umbrüchen. Die Erste Industrielle Revolution brachte die Erfindung der Dampfmaschine und den Bau von Eisenbahnen. Die bis in das frühe 20. Jahrhundert hineinreichende Zweite Industrielle Revolution führte durch die Nutzung der Elektrizität und durch die Erfindung des Fließbandes zur Massenproduktion.

Die Dritte Industrielle Revolution, auch Computer- oder digitale Revolution genannt, begann in den 1960er Jahren. Am Anfang des 21. Jahrhunderts stehen wir am Beginn der Vierten Industriellen Revolution mit Künstlicher Intelligenz, mobilem Internet, Hochleistungssensoren, der Industrie 4.0 und Quantensprüngen in der Gen-, der Bio- und der Nanotechnologie.

Wirtschaft, Gesellschaft und Technik stehen somit vor zahlreichen neuen Herausforderungen. Was wird mit der Arbeitswelt passieren, wenn die Künstliche Intelligenz einmal die Menschen bei vielen Aufgaben übertrifft?

Welche Megatrends wie Demografie, Globalisierung oder Digitalisierung prägen die Entwicklung in den nächsten 20 oder 30 Jahren? Welche neuen Technologien treiben die Entwicklung voran? Gibt uns die Personalisierte Medizin die Chance auf ein deutlich längeres Leben? Viele Fragen an unsere Zukunft.

Es lohnt sich, sich hierzu einige Gedanken zu machen.

Krailling/München, Juli 2018   Thies Claussen

1. Megatrends bestimmen unsere Zukunft

Der Zukunftsforscher John Naisbitt hat 1982 den Begriff „Megatrend" geprägt. Megatrends sind Entwicklungen, die sich in den nächsten 30 Jahren oder mehr ergeben und die sich massiv auf Gesellschaft, Wirtschaft und Umwelt auswirken – und das in der Regel weltweit. Megatrends verändern und durchdringen Wertesysteme, Zivilisationsformen, Technologie und Ökonomie und zeigen Auswirkungen in allen menschlichen Lebensbereichen. Die fünf zentralen Megatrends, die unsere Zukunft bestimmen, sind demografischer Wandel, Globalisierung, Digitalisierung, Neue Arbeitswelt und Gesundheit.

Demografischer Wandel

Geburtenrate, Mortalität und Migration bestimmen die Bevölkerungsstruktur. Global gesehen verläuft die demografische Entwicklung zwischen den

Kontinenten sehr unterschiedlich. Weltweit rechnen die Vereinten Nationen bis 2050 mit einer Bevölkerungszunahme von derzeit rund 7,5 Milliarden Menschen auf etwa 9,7 Milliarden Menschen. Dabei verschieben sich geografisch die Bevölkerungsanteile massiv.

Während in asiatischen und afrikanischen Ländern die Bevölkerung stark wächst, zeichnet sich in Europa der gegenläufige Trend ab. Lag in Europa der Gesamtanteil an der weltweiten Bevölkerung im Jahr 1950 noch bei fast 22 % und im Jahr 2000 bei 12 %, ist für das Jahr 2050 nur noch ein Anteil von 7,3 % zu erwarten.

Dieser Bevölkerungsrückgang gilt auch für Deutschland. Trotz Alterung und trotz Zuwanderung geht die Bevölkerung nach Berechnungen des Statistischen Bundesamtes von derzeit 82,67 Millionen Menschen auf 67 - 73 Millionen im Jahr 2060 zurück. Die Bevölkerung im erwerbstätigen Alter (20 - 64 Jahre) sinkt von derzeit 49 Millionen besonders stark auf nur noch 34 - 38 Millionen Menschen.

Auch die junge Bevölkerung (bis 20 Jahre) verzeichnet einen Rückgang von 15 Millionen auf 11- bis 12 Millionen Menschen. Dagegen wird die Anzahl der Menschen im Alter ab 65 Jahren weiter steigen, besonders in den nächsten 20 Jahren, wenn die geburtenstarken Jahrgänge der Babyboomer sukzessive in dieses Alter aufrücken. Derzeit gehört jede fünfte Person dieser Altersgruppe an. 2060 wird es bereits jede dritte Person sein.

Während vor 100 Jahren die Lebenserwartung von Männern bei nur 46,4 Jahren lag (aktuell: 78 Jahre) und bei Frauen bei 52,5 Jahren (aktuell: 83 Jahre), steigt sie bis 2060 auf 87 Jahre bei Männern und auf 90 Jahre bei Frauen an. Wer heute bereits 80 Jahre alt ist, hat noch eine Lebenserwartung von 8 bis 11 Jahren vor sich. Die Zahl der Hochbetagten (über 80 Jahre) von heute 4,4 Millionen Menschen in Deutschland wird sich bis 2060 auf 9 Millionen Menschen mehr als verdoppeln.

Globalisierung

Globalisierung ist kein neuer Prozess, hat aber in den letzten Jahrzehnten deutlich an Dynamik gewonnen. Die Kosten für den Transport von Informationen, Menschen, Gütern und Kapital über den gesamten Erdball hinweg sind drastisch gesunken.

Globale Kommunikationsmöglichkeiten können immer billiger und schneller genutzt werden.

Internationale Verflechtungen nehmen aber nicht nur in den Bereichen Wirtschaft und Kommunikation zu, sondern auch in den Bereichen Politik, Kultur und Umwelt und zwar zwischen Individuen, Gesellschaften, Institutionen und Staaten.

Die Zahl der Menschen, die mindestens zwei Sprachen sprechen, hat sich durch die Globalisierung deutlich erhöht. Englisch wird immer häufiger als Weltsprache für Handel, Politik, Kultur und Fernverkehr genutzt. In 57 Staaten ist Englisch Amts- und/oder Landessprache und in mindestens 25 weiteren Staaten Bildungs-, Geschäfts- und/oder Verkehrssprache.

Digitalisierung und Internet haben dem Globalisierungsprozess nochmals zu deutlich mehr Schwung verholfen. Während das Internet 1990 noch keine bedeutende Rolle spielte, nutzen gegenwärtig bereits 3,4 Milliarden Menschen oder 46 % weltweit das Internet. Bis 2020 soll sich die Zahl der Internetnutzer bereits auf über 4,1 Milliarden Menschen erhöhen. In Deutschland sind bereits 62 Millionen Menschen (81%) Internetnutzer.

Dank der Internationalisierung der Märkte und der Unternehmen partizipieren viele Entwicklungs- und Schwellenländer zunehmend am Welthandel, Wohlstand und wirtschaftlichen Wachstum. Die letzte Finanzkrise hat allerdings gezeigt, dass die Globalisierung die weltweite Wirtschaft tendenziell schwankungsanfälliger macht. Globale Finanzströme erfordern deshalb eine zunehmende Kontrolle.

Die wirtschaftliche Dimension der Globalisierung ist aber nur ein Teil dieses Megatrends, der sich in immer mehr gesellschaftlichen Bereichen auswirkt: vom Bildungssystem und Konsum über die Massenmedien und Kultur bis in private Lebens- und Beziehungswelten.

Digitalisierung

Die Digitalisierung ist – basierend auf dem Internet als Querschnittstechnologie – so tiefgreifend für alle wirtschaftlichen und gesellschaftlichen Bereiche, dass sich weder private Nutzer noch Unternehmen dem entziehen können. Das Internet der Dinge und die Industrie 4.0 läuten bereits in Verbindung mit der Künstlichen Intelligenz und den

Möglichkeiten der Sensorik und Robotik die nächste große Entwicklungsstufe der Vernetzung ein. Maschinen, Transportmittel und viele langlebigen Konsumgüter werden mit Mikroprozessoren und/oder Sensoren ausgestattet und werden somit Teil des Internets. Die moderne Informationstechnik ist dann nicht mehr auf Computer und Smartphones beschränkt, sondern wird auf Milliarden physischer Produktionsfaktoren und Konsumgüter ausgeweitet.

Europa hat geringe Chancen, im Verbrauchergeschäft mit Onlineplattformen zu US-amerikanischen und chinesischen Firmen aufzuholen. Große Player wie Google/Alphabet, Facebook & Co. oder Amazon drängen zunehmend auch in die realen Wirtschaftsbranchen ein und wollen hier die Spielregeln verändern. Umso wichtiger ist es, dass sich die Europäer auf das Internet der Dinge mit seinen vernetzten Geräten konzentrieren.

Moderne Kommunikationstechnologien mit dem Internet im Zentrum verleihen dem Megatrend Digitalisierung und Konnektivität eine enorme Kraft. Kein Megatrend kann mehr verändern, zerstören und neues schaffen. Kein Megatrend löst mehr Disruption aus. Digitalisierung und Konnektivität führen zu neuen Formen des Wirtschaftens, des Arbeitens und der Gemeinschaft.

Die zunehmende Digitalisierung bringt viele Vorteile mit sich, aber auch viele Herausforderungen. Zu letzteren gehören zum Beispiel Hacker-Angriffe und digitale Kriminalität oder die Suchtgefährdung durch Computerspiele, Internet und Smartphone.

Die Digitalisierung wird den Alltag der Menschen zunehmend prägen und die Mensch-Maschine-Interaktionen verändern. Digitale Assistenten werden im Auto, in Smart-Homes, in der Kleidung oder in Kameras immer stärker eingesetzt. Digitalisierung eröffnet auch neue Chancen für die Personalisierte Medizin und für viele technologische Felder.

Neue Arbeitswelt

Die Arbeitswelt wird künftig noch anspruchsvoller, das Tempo wird noch einmal erhöht. Die Digitalisierung schreitet rasant voran. Viele heutige Routinearbeitsplätze werden künftig wegfallen. Beschäftigte müssen noch mehr wissen und können. Gefragt ist Problemlösungskompetenz. In der Industriearbeit und in anderen Bereichen werden Roboter und Menschen künftig sehr eng zusammenarbeiten. Viele Dienstleistungsberufe geben weniger gut ausgebildeten Menschen auch künftig Chancen. Auch entstehen völlig neue Berufe und Berufsbilder, besonders in den Sektoren Freizeit, Erholung und Gesundheit oder in technologischen Feldern. Wichtig für die Zukunft am Standort Deutschland ist die Erhaltung der internationalen Wettbewerbsfähigkeit. Gefragt sind Innovationen, neue Produkte und Dienstleistungen und neue Märkte.

Unsere künftige Arbeitswelt wird in Verlierer und Gewinner aufgeteilt. Verlierer werden diejenigen sein, die rein repetitive Aufgaben erledigen. In der Vergangenheit waren das bereits Fließbandarbeiter in der Automobilindustrie, künftig werden dies vermehrt Makler, Buchhalter, Verkäufer oder Kassierer sein.

Zu den Gewinnern gehören künftig Polizisten, Installateure, Wissenschaftler oder Kreative, die auf absehbare Zeit nicht durch Computer oder Roboter ersetzt werden können. Generell gilt: Diejenigen Menschen haben eine gute Zukunftsperspektive, die den Wert ihrer Arbeit erhöhen und die kreativ sind.

Dazu zählen unter anderen Künstler, Schauspieler, Softwareschreiber, Journalisten, Führungspersönlichkeiten, Analytiker und Wissenschaftler, aber auch Menschen, die sich mit zwischenmenschlichen Beziehungen beschäftigen.

Die künftige Arbeitswelt wird flexibler. Den einen lebenslangen Job wird es nicht mehr geben. Arbeiten in Projekten, für wechselnde Arbeitgeber oder in unternehmensübergreifenden Projekten gewinnen an Bedeutung.

Auch von zwei wichtigen Aspekten wird die Arbeitswelt von morgen geprägt sein: Die Arbeitswelt wird weiblicher und die älteren Beschäftigten werden stärker gebraucht. Frauen sind immer besser qualifiziert und bauen ihre bisherige Benachteiligung gegenüber männlichen Kollegen Schritt für Schritt ab. Bei älteren Beschäftigten tritt in vielen Betrieben der Jugendwahn früherer Jahre wieder hinter eine realistische Beurteilung der Qualitäten und Kompetenzen der älteren Arbeitnehmer zurück.

Gesundheit

Der Megatrend Gesundheit verknüpft psychische und physische Dimensionen immer enger. Gesundheit und Zufriedenheit verschmelzen. Zur Gesundheit gehört auch eine gesunde Umwelt mit dem Prinzip der Nachhaltigkeit. Mehr Selbstverantwortung und ein bewussterer Umgang mit der eigenen Gesundheit rücken in den Vordergrund.

Eine alternde Bevölkerung erzeugt einen Wertewandel hin zu mehr Gesundheitsvorsorge und einem aktiveren körperlichen Verhalten. Zufrieden, vital und gesund in einer gesunden Umwelt alt werden, gewinnt zunehmend an Bedeutung.

Der Gesundheitssektor wächst zu einem Kernsektor der künftigen Wirtschaft heran. Neue Märkte expandieren: vom neuen Fitness-Urlaub, über Feng-Shui-Architektur bis hin zum Health-Food. Allein in Deutschland sind über 15.000 Apps zum Thema Gesundheit auf dem Markt. Diese Apps auf dem Smartphone und Fitnessarmbänder oder Fitnessuhren helfen, um Blutwerte, Herzfrequenzen, Körpergewicht und vieles mehr zu kontrollieren. Die präventive Selbstoptimierung der eigenen Gesundheit wird immer wichtiger.

Eine nachhaltig gesunde Umwelt ist auf eine neue Ressourcen- und Energieproduktivität angewiesen. Hier können zum Beispiel Nano- und Bio-technologie wichtige Beiträge leisten. Denn durch innovative Materialien und neue Prozesse können sie in vielen Bereichen für einen ressourcen- und energieschonenden Verbrauch und damit auch für eine gesündere Umwelt sorgen.

Große Bedeutung kommt künftig auch der Personalisierten Medizin zu. Voraussetzung dafür sind weitere Erfolge bei der Aufschlüsselung des menschlichen Genoms. Nach einer hochspezifischen Diagnose können Patienten unter Vermeidung unerwünschter Nebenwirkungen künftig deutlich präziser entsprechend ihrer individuellen molekularen Signatur behandelt werden.

2. Arbeitswelt von morgen

Wie sieht unsere Arbeitswelt in 10, 20 oder in 30 Jahren aus? Welche Anforderungen werden an uns gestellt? Wie sicher sind künftig unsere Arbeitsplätze?

Viele Fragen, viele Spekulationen, viele Ängste drängen sich auf. Nicht nur Arbeitsmarktforscher wissen, dass die Arbeit ständigen Veränderungen unterliegt. Viele von uns haben selbst erlebt, wie der Einsatz von Computern in den letzten 10 und 20 Jahren die Arbeit zum Teil drastisch verändert hat. Mit der Digitalisierung und der sogenannten Industrie 4.0, der Vernetzung der Produktion, stehen schon die nächsten Veränderungen an.

Das „Ende der Arbeit"?

Viele Skeptiker sprechen bei der Debatte über die Arbeit der Zukunft immer wieder vom „Ende der Arbeit": Globalisierung, Digitalisierung, „Industrie 4.0" und „Künstliche Intelligenz" würden massenweise Arbeit vernichten und zu einer gewaltigen Krise der Erwerbsgesellschaft führen.

Die Entdinglichung der Produktion, die Verlagerung der Wertschöpfung aus Fabriken in den raumlosen Orbit virtueller Netzwerke und der Ersatz menschlicher Arbeit durch selbstregulierte, mit künstlicher Intelligenz ausgestattete Automaten würden den Strukturwandel unserer Arbeitswelt weiter beschleunigen. Wer mithalten kann, würde profitieren, die anderen würden zurückbleiben.

Ohne Risiken ist der durch die Digitalisierung beschleunigte Strukturwandel unserer Arbeitswelt sicher nicht. Deswegen ist aktuell auch wieder eine Debatte um das bedingungslose Grundeinkommen entstanden. Dafür sprechen sich Joe Kaeser von Siemens, Timotheus Höttges von der Deutschen Telekom, Götz Werner von der Drogeriekette dm oder der Tesla-Chef Elon Musk aus. Dadurch sollten künftig soziale Spannungen vermieden werden, da sonst – wie sich Joe Kaeser in der Presse geäußert hat – absehbar „einige auf der Strecke bleiben, weil sie mit der Geschwindigkeit auf der Welt einfach nicht mehr mitkommen".

Aber: Jeder Technologieschub erzeugte bisher – und dies ist auch künftig anzunehmen - eine gesteigerte Nachfrage und ganz neue Bedürfnisse. Selbst automatisierte Fabriken erzeugen Bedarf nicht nur nach hohem Service und technischer Expertise, sondern auch nach einfacherem Service im Bereich Wartung und Betreuung. Auch der Dienstleistungssektor bietet noch zahlreiche, zum Teil neue Möglichkeiten.

Geht uns die Arbeit in Zukunft aus?

Einen Blick in die Zukunft wirft das Institut für Arbeitsmarkt- und Berufsforschung (IAB), die Forschungseinrichtung der Bundesagentur für Arbeit. Dessen Direktor, Joachim Möller, ist optimistisch, dass uns die Arbeit in Zukunft nicht ausgeht. Zwar werden auch künftig Arbeitsplätze im Zuge der fortschreitenden Rationalisierung, vor allem in der Produktion, wegfallen. Trotzdem werden nach Auffassung Möllers durch neu entstehende Bedürfnisse eher mehr neue Arbeitsplätze geschaffen werden als durch Rationalisierung wegfallen.

Das Institut für Arbeitsmarkt- und Berufsforschung geht von folgenden Entwicklungen unserer Arbeitswelt aus:

➢ Beschäftigte müssen künftig mehr wissen und können. Viele der heute noch üblichen Routinearbeiten werden wegfallen. Die neuen Arbeitsplätze werden anspruchsvoller und erfordern deshalb eine bessere Ausbildung. Gefragt ist künftig vor allem Problemlösungskompetenz.

➢ Stark verändern wird sich die Industriearbeit. Der Mensch wird dabei keineswegs vom Roboter verdrängt, sondern wird mit ihm künftig eng zusammenarbeiten. Hochintelligente Produktionsautomaten werden nicht nur schmutzige und belastende Arbeiten übernehmen, sondern ganz wesentlich dazu beitragen, Produktionsfortschritte zu ermöglichen.

➢ Vor allem im Versand, aber auch in anderen Dienstleistungsbranchen wird es auch künftig Chancen für weniger gut ausgebildete Menschen geben.

➢ Zwar hält die Bundesregierung in ihrem „Grünbuch Arbeiten 4.0" eine Arbeitslosenquote von rund 3 Prozent im Jahr 2030 für realistisch. Die IAB-Arbeitsmarktforscher sind allerdings vorsichtiger. Um dieses Fernziel erreichen zu können, seien weitere Anstrengungen in der Bildung und für den Arbeitsmarkt wichtig.

➢ Die Arbeit wird flexibler: Arbeit am Wochenende, am späten Abend oder in der Nacht wird künftig verbreiteter sein als heute. Die stärkere weltweite Vernetzung der Firmen und eine Produktion, die rasch auf kurzfristige Nachfrage reagieren muss, werden die Betriebe stärker unter Druck setzen.

➢ Die besten Jobchancen haben künftig Techniker. Qualifizierte Mitarbeiter in technischen Berufen werden nach einer IAB-Modellrechnung im Jahr 2030 bundesweit fehlen. Manche Kaufleute, Juristen und Wirtschaftswissenschaftler werden dagegen im Jahr 2030 Probleme bei der Jobsuche haben.

Fachkräfte werden auch künftig gesucht sein. Unternehmen müssen ihnen daher nicht nur attraktive Arbeitsbedingungen bieten, sondern sich auch auf individuelle Arbeitszeitwünsche einstellen. Familienzeit, Sabbatjahr, Zeit für Fortbildung werden nach Einschätzung der Arbeitsmarktforscher in Unternehmen selbstverständlich sein müssen, wenn sie im Wettbewerb um die Köpfe nicht das Nachsehen haben wollen.

Neue Jobs in neuen Berufen

Matthias Horx vom Zukunftsinstitut geht davon aus, dass freigesetzte Beschäftigte neue Jobs in Berufen finden, von denen man gestern noch nichts ahnte. Ein Beispiel von Horx: Künftig würden uns „Humanagenten" dabei helfen, unser Leben zu bewältigen: In Zukunft leisten wir uns einen persönlichen Gesundheitscoach. Einen „Wohlstandsguide". Einen Bildungsberater. Einen Mobilitätsagenten oder einen Wissensnavigator.

Allein damit lassen sich die strukturellen Probleme der künftigen Arbeitswelt jedoch nicht lösen. Ganz entscheidend wird es vielmehr auf die Erhaltung der internationalen Wettbewerbsfähigkeit der deutschen Wirtschaft, auf Innovationen, neue Produkte und Dienstleistungen oder auf die Erschließung neuer Märkte ankommen.

Selbst in Zeiten der Digitalisierung und des Internets beweisen einige Strukturen Beharrungsvermögen. So weist Horx darauf hin, dass uns auch das Internet nicht aus dem Joch stupider Arbeit befreit habe. Es würden sich auch neue Abhängigkeiten entwickeln.

Horx: „Um den billigsten Flug zu bekommen, recherchieren wir endlos im Netz. Um Geld zu überweisen, geben wir mühsam 24-stellige Nummern ein. Ständig müssen wir Hardware und Software upgraden und updaten, unentwegt erledigen wir Eingabe-Routinen, für die es kein Personal mehr gibt. Im Namen der allgegenwärtigen Digitalität sind wir längst zu Sklaven der Bildschirme und Tastaturen geworden."

Studie „2050: Die Zukunft der Arbeit"

Die Bertelsmann-Stiftung hat in einer Studie „2050: Die Zukunft der Arbeit" eine Befragung von 298 internationalen Experten und darauf aufbauend eine Auswertung von über 1000 Kommentaren vorgenommen. Dabei stehen zwei zentrale Fragen im Vordergrund: Welche Zukunft wollen wir? Und wie können wir entsprechend handeln?

Das Ziel ist nicht die sicher eintreffende Prognose, sondern es gilt, neue Optionen für das heutige Handeln zu identifizieren. Die Bertelsmann-Studie kommt zu folgenden zentralen Aussagen:

➢ Wir wissen nicht genau, was kommt, aber wir können es gestalten. Die Unsicherheit über den Verlauf der zukünftigen Entwicklung ist hoch –weil er von politischen Rahmensetzungen und der Zusammenarbeit der Akteure abhängt. Damit gilt aber auch: Wir können den Verlauf der Entwicklung gestalten.

➢ Die globale Arbeitslosigkeit könnte auf 24 Prozent (oder mehr) im Jahr 2050 ansteigen. Tun wir nichts oder nichts Grundlegendes zur Anpassung an die neuen Arbeitsrealitäten, dann wird sich dabei auch die soziale Schere weiter öffnen.

➢ Immer mehr Aufgaben können von Maschinen erledigt werden. An diesem technologischen Wandel geht kein Weg vorbei: Robotik, künstliche Intelligenz und Technologie-Konvergenz treiben die Entwicklung voran. Der zentrale (und als sicher betrachtete) Treiber des Wandels ist der rasche, anhaltende technologische Fortschritt unter dem Vorzeichen der Digitalisierung, der nahezu alle Berufsgruppen erfasst und dessen Tempo wahrscheinlich noch zunimmt.

➢ Auszugehen ist zunächst für die nächsten ein bis zwei Jahrzehnte davon, dass sich der bisherige Wandel der Arbeit fortsetzt, indem immer mehr Berufsgruppen und Tätigkeiten durch Automation ersetzt werden. Dann steht der Übergang in ein gänzlich neues System des Arbeitens und Wirtschaftens an, in dem auch die Sozialsysteme entsprechend anders aussehen müssen, und in dem vielleicht das Prinzip der Lohnarbeit gänzlich überholt ist.

➢ Arbeit ist schon heute mobil und multilokal, morgen ist sie virtuell und findet in einem kollektiven virtuellen Raum (Metaversum) statt. Arbeitgeber hinken der Entwicklung hinterher. Wahrscheinlich beschleunigt sich das Tempo der Veränderung weiter, aber schon bisher können Arbeitgeber und Arbeitsbestimmungen nicht mit dem Wandel mithalten.

➢ In den Sektoren Freizeit, Erholung und Gesundheit, in technologischen Feldern und durch neue Berufsbilder entsteht neue Arbeit. Es bilden sich Arbeitsberei-

che und Berufe heraus, die geprägt sind
von ureigenen menschlichen Fähigkeiten
wie Empathie oder Kreativität.

➢ Weiterbildung und Bildung halten nicht
mit dem raschen technologischen Wandel
Schritt, während Einzelne längst die neu-
en Formen des Lernens und Arbeitens
vorleben. Das überforderte Bildungssystem muss sich künftig deutlich reformie-
ren.

➢ Globale Megatrends lassen nationale Lösungen ins Leere laufen. Rein nationale
oder regionale Ansätze und Perspektiven
greifen zu kurz, weil zum Beispiel Wis-
sensarbeit bald nahezu gänzlich ortsun-
gebunden ausgeübt werden kann.

Vor dem Hintergrund dieser Untersuchung stellt
sich für uns die Frage: Werden unsere Arbeitsplätze
künftig wegrationalisiert, gehören wir zu den Gewinnern oder zu den Verlierern? Zwar gibt es dazu
keine eindeutigen Aussagen, gleichwohl zeichnen
sich bestimmte Trends ab.

Gewinner und Verlierer

Der international angesehene Physiker Michio Kaku, der als Sohn japanischer Einwanderer in Palo Alto aufwuchs, beschäftigt sich in seinem Buch „Die Physik der Zukunft, Unser Leben in 100 Jahren" mit der Frage, welche Berufe Mitte des Jahrhunderts Konjunktur haben werden.

Die Antwort dazu leitet Kaku aus einer einfachen Frage ab: Welche Grenzen haben Roboter? Die Künstliche Intelligenz steht vor mindestens zwei großen Problemen: Mustererkennung und gesunder Menschenverstand. Daher sind die Jobs, die in Zukunft überleben werden, hauptsächlich diejenigen, die Roboter nicht ausführen können – Jobs, die diese beiden Fähigkeiten verlangen.

Unter den Arbeitern werden die Verlierer diejenigen sein, die rein repetitive Aufgaben erledigen (beispielsweise Fließbandarbeiter), weil Roboter ihnen dabei überlegen sind. Darum gehörten bereits in der Vergangenheit Fließbandarbeiter in der Automobilindustrie zu den ersten, die unter der Computerrevolution zu leiden hatten. Das heißt, dass sämtliche Fabrikarbeit, die sich auf eine Reihe festgelegter, sich wiederholender Bewegungen reduzieren lässt, auch mit der Zeit verschwinden wird.

Überraschenderweise – so Kaku – gibt es eine große Gruppe von Arbeitern und Angestellten, die die Computerrevolution überleben und sogar aufblühen werden. Die Gewinner werden diejenigen sein, die nichtrepetitive Aufgaben erfüllen, welche Mustererkennung erfordern. Polizisten, Bauarbeiter, Gärtner oder Installateure – sie alle werden auch künftig einen Job haben.

Bauarbeiter benötigen für jede Aufgabe andere Werkzeuge, Blaupausen und Anweisungen. Keine zwei Baustellen oder zwei Aufgaben sind identisch. Polizisten müssen eine Vielzahl von Verbrechen in unterschiedlichen Situationen analysieren. Darüber hinaus müssen sie die Motive und Methoden der Gesetzesbrecher verstehen, was weit über die Fähigkeit eines Computers hinausgeht. Ebenso sind jeder Garten und jeder Abfluss anders und erfordern unterschiedliche Werkzeuge und Fähigkeiten.

Unter den Angestellten werden diejenigen zu den Verlierern gehören, zu deren Aufgaben Inventuren und „Erbsenzählen" gehören. Auf niedriger Ebene tätige Agenten, Makler, Verkäufer, Kassierer, Buchhalter usw. werden zunehmend ihren Arbeitsplatz verlieren. Bereits heute umgehen viele den Verkäufer im Reisebüro, indem sie Flugtickets, Hotels und Leihautos über das Internet buchen.

Kaku gibt denjenigen Menschen im Mittelbau eine gute Zukunftsperspektive, die den Wert ihrer Arbeit erhöhen und die kreativ sind. Dazu rechnet er unter anderen Künstler, Schauspieler, Softwareschreiber, Führungspersönlichkeiten, Analytiker und Wissenschaftler, aber auch zum Beispiel Menschen, die sich mit zwischenmenschlichen Beziehungen beschäftigen.

Auch Führungsqualitäten werden in Zukunft eine wertvolle „Ware" sein. Teilweise besteht Führung darin, sämtliche verfügbaren Informationen, Sichtweisen und Optionen zu bewerten und dann die zielführende zu wählen.

Führung ist deswegen so komplex, weil es darum geht, Mitarbeiterinnen und Mitarbeiter mit all ihren persönlichen Stärken und Schwächen zu erkennen, zu motivieren und zu leiten. All dies verlangt ein ausgeprägtes Gespür für die menschliche Natur und für Marktkräfte, was weit über die Fähigkeiten eines Computers hinausgeht.

All diese Entwicklungen in unserer Arbeitswelt sind zwar von weltweiten Trends abhängig. Das heißt aber nicht, dass national und regional keine Aktivitäten notwendig sind, um die künftigen Entwicklungen positiv zu beeinflussen. Deutschland ist

heute eine der führenden Wirtschafts- und Export-
nationen und zählt zu den innovativsten Ländern
weltweit. Diese Position gilt es, zu behaupten und
zu sichern.

Innovationen für die Arbeit von morgen

Die Bundesregierung hat 2016 das Programm
„Zukunft der Arbeit. Innovationen für die Arbeit
von morgen" vorgelegt. Damit will sich die Bundesregierung den Veränderungsprozessen stellen, die
sich aus den drei großen Trends Globalisierung,
demografische Entwicklung und Digitalisierung für
die künftigen Produktions- und Dienstleistungen
ergeben. Die Konzeption und Umsetzung dieses
Förderprogramms erfolgt in enger Abstimmung
zwischen dem Bundesministerium für Bildung und
Forschung, dem Bundesministerium für Arbeit und
Soziales und den Sozialpartnern.

Die Ergebnisse dieses Programms sollen Gestal-
tungsmöglichkeiten liefern, die für die Zukunft der
Arbeit zum Standard werden können. Dabei kommt
es darauf an, dass entsprechende Lösungen insbesondere auch mit und für den deutschen Mittel-
stand entwickelt und möglichst alle Chancen für

Beschäftigte und Unternehmen in gleicher Weise genutzt werden.

Kleine und Mittelständische Unternehmen (KMU) beschäftigen in Deutschland rund 16 Millionen Menschen, 4 Millionen stehen im Handwerk in einem festen Arbeitsverhältnis. Damit sind KMU und Handwerk neben den international agierenden Konzernen tragende Säulen der deutschen Wirtschaft.

Die Umsetzung des Programms „Zukunft der Arbeit" soll neben den Grundsätzen der Wirtschaftlichkeit in gleichem Maße die Bedürfnisse der Menschen im Arbeitsprozess berücksichtigen. Die Bundesregierung will Innovationen in Betrieben fördern, um technischen Fortschritt auch für soziale Innovationen zu nutzen und dadurch neue Arbeitsprozesse und ein Miteinander der Sozialpartner voranzubringen.

Qualifizierung und Kompetenzentwicklung werden dabei als Schlüssel angesehen, um die wirtschaftlichen Potenziale der Digitalisierung zu heben und faire Zugangschancen für den Arbeitsmarkt der Zukunft zu eröffnen.

Dabei sucht die Bundesregierung nach neuen Antworten auf die Frage, welche Kompetenzen Beschäftigte und Unternehmen benötigen, um den Strukturwandel zu nutzen, gute Arbeit zu leisten und damit wettbewerbsfähige Produkte und Dienstleistungen anbieten zu können.

Fördermaßnahmen des Programms „Zukunft der Arbeit" zielen auf verschiedene Projekte ab:

- ➤ Projekte, die modellhaft aufzeigen, wie in der digitalen Arbeitswelt von morgen die Beschäftigung gesichert, die Arbeitsbedingungen verbessert und die Produktivität gesteigert werden können.
- ➤ Projekte, die neue Wertschöpfung mit neuer gut gestalteter Arbeit vereinbaren und dabei modellhaft aufzeigen, wo und wie neue Arbeit in Deutschland entsteht.
- ➤ Neue, auf den Menschen ausgerichtete Konzepte der Mensch-Maschine-Interaktion und deren pilothafte Realisierung.
- ➤ Projekte zur Gestaltung der „Unternehmen der Zukunft", zum Beispiel hinsichtlich der Flexibilisierung der Arbeit (unter anderem bessere Vereinbarkeit von Ar-

beit und Privatleben), angepasste Präventions- und Arbeitsgestaltungskonzepte zum Erhalt der Beschäftigungsfähigkeit oder neue Arbeits- und Beschäftigungsformen, die auch Fragen hinsichtlich Mitbestimmung und Beschäftigtendatenschutz aufwerfen können.

Die Bundesregierung hat sich viel vorgenommen, um die Entwicklung der künftigen Arbeitswelt positiv zu beeinflussen. Aber täuschen wir uns nicht: Viele Entwicklungen müssen die Betriebe und die Beschäftigten selber meistern, viele Entwicklungen unterliegen zudem globalen, nur schwer zu beeinflussenden Megatrends.

Arbeit verleiht Würde und Identität

Für die künftige Arbeitswelt gilt es, möglichst vielen Menschen ihren Arbeitsplatz zu erhalten, auch wenn er sich in den Anforderungen wandelt. Es gibt viele Gründe, warum Menschen jetzt und in Zukunft arbeiten. Für die meisten Menschen steht die Absicherung des Lebens für sich und ihre Angehörigen im Vordergrund. Arbeit verleiht Würde und Identität.

Darüber hinaus ermöglicht sie Menschen Teilhabe, Aufstieg, Prestige und Erfolg. Viele Menschen arbeiten, um die eigenen Talente zu entfalten, sich selbst in der Arbeit zu verwirklichen oder um Kontakt, Anerkennung und Bestätigung in der Gemeinschaft zu finden. Ob aus Pflicht, Berufung oder Freude – Arbeit ist und bleibt auch künftig für jeden Einzelnen und die Gesellschaft insgesamt zentral.

Aber unzählige Fragen stellen sich zur künftigen Arbeitswelt, wie zum Beispiel: Ältere Arbeitnehmer werden mit ihrem Know-how für die Betriebe tendenziell zwar wichtiger, gilt das aber auch für alle älteren Arbeitnehmer? Wie lassen sich bei schweren körperlichen Arbeiten die künftigen Anforderungen bewältigen? Werden wir alle künftig noch länger und unter mehr Stress arbeiten müssen oder ermöglichen uns neue Arbeitsformen eventuell auch eine entspanntere Arbeit und eine bessere Kombination zwischen Arbeit und Privatem?

Nur fünf Stunden Arbeit jeden Tag?

Werfen wir hierzu einen Blick nach Kalifornien zu einem Modell, das für etliche wohl verlockend klingt, das aber auch künftig wohl eher noch eine Ausnahme darstellen wird: Stephan Aarstol ist der Gründer einer Firma für Steh-Paddelbretter in San Diego mit inzwischen 11 Mitarbeitern.

Aarstol arbeitet jeden Tag nur fünf Stunden und hat das auch für alle seine Mitarbeiter zur Vorgabe gemacht. Um acht Uhr morgens erscheinen alle Mitarbeiter im Büro in San Diego, um 13.00 Uhr sollen alle gehen. Gleichzeitig hat er angefangen, fünf Prozent der Gewinne unter seinen Mitarbeitern zu verteilen. Im Ergebnis verdienen einige seiner Mitarbeiter pro Stunde jetzt fast doppelt so viel wie vorher.

Aarstol: „Meine Mitarbeiter und ich haben angefangen, unser Leben mehr zu genießen, als wir es je für möglich gehalten hätten. Und gleichzeitig wurden wir unglaublich produktiv im Büro."

Ganz so großzügig, wie es klingt, war Aarstols Angebot jedoch nicht. Denn die kürzere Arbeitszeit war nicht mit geringerer Arbeitsbelastung verbunden, sie war nur eine Aufforderung, effizienter zu arbeiten. Richtige Arbeit macht nur zwei bis drei

Stunden pro Tag aus, sagt der Gründer. Den Rest verschwenden vor allem Büromitarbeiter mit unnötigen E-Mails, Privatangelegenheiten, Internet-Surfen, Kaffeepausen und Tagträumen. Damit sollten seine Leute aufhören – und stattdessen früh nach Hause gehen oder über Seen und Meere paddeln.

Seit der Umstellung auf das neue Arbeitszeitmodell stiegen die Umsätze der Firma von Stephan Aarstol um 40 Prozent auf fast zehn Millionen Dollar.

Das Beispiel zeigt, dass ausgefallene Ideen kreativer Unternehmer unsere künftige Arbeitswelt weiterführen könnten. Auch zeigt es, dass die Wertschöpfung, die jeder Arbeitsplatz leistet, nicht in erster Linie von der Dauer der Anwesenheit des Einzelnen abhängt, sondern davon, wie intelligent und effizient der Einzelne seine anstehenden Aufgaben bewältigt und welche Möglichkeiten der Betrieb dafür bietet.

Die Arbeitswelt wird weiblicher

Auch von zwei wichtigen Aspekten wird die Arbeitswelt von morgen geprägt sein: Die Arbeitswelt wird weiblicher und die älteren Beschäftigten werden stärker gebraucht.

Frauen bekommen zunehmend größere Berufschancen. Sie sind immer besser qualifiziert und bauen ihre bisherige Benachteiligung gegenüber männlichen Kollegen Schritt für Schritt ab.

In der künftigen Arbeitswelt werden Frauen verstärkt präsent sein als Firmengründerinnen, in kreativen Berufen, aber auch in Technik-, IT- und Beratungsberufen. Als Führungskräfte setzen Frauen neben ihrer fachlichen Kompetenz vor allem auf ihre soziale Kompetenz und dringen damit – wenn auch langsam und oft mühsam – in die Vorstandsetagen vor.

Frauen legen besonderen Wert auf das Gleichgewicht von Berufs- und Privatleben. Familie und Freunde haben ebenso Bedeutung wie Arbeiten im Beruf.

Ältere Mitarbeiter werden verstärkt gebraucht

Ältere Beschäftigte werden von den Unternehmen künftig wieder verstärkt nachgefragt. Der Jugendwahn früherer Jahre tritt bei vielen Betrieben wieder hinter eine realistische Beurteilung der Qualitäten und Kompetenzen der älteren Arbeitnehmer zurück. Geschätzt wird dabei sowohl die umfangreiche Berufserfahrung, als auch deren Lebenserfahrung.

Ältere Mitarbeiter verfügen über langjährige Kenntnisse und Erfahrungen, sie haben gelernt, Ziele beharrlich zu verfolgen, aus Fehlern zu lernen und sie lassen sich nicht so schnell durch zum Teil unnötige Hektik aus der Ruhe bringen.

Um die Qualitäten der älteren Mitarbeiter im notwendigen, schon allein demografisch bedingten Umfang nutzen zu können, müssen die Unternehmen künftig Arbeitsbedingungen gesünder und stressfreier gestalten und mehr Flexibilität durch flexible Arbeitszeiten und einen gleitenden Eintritt in den Ruhestand ermöglichen.

3. Fortschritte der Künstlichen Intelligenz

Jahrzehntelang galt Künstliche Intelligenz als aussichtsloses Unterfangen: zu kompliziert, zu teuer, zu wenig praktisch verwertbar. Erst vor wenigen Jahren kam es aufgrund der enorm gestiegenen Rechenleistung von Hochleistungsprozessoren in Verbindung mit schier unbegrenzten Speichertechnologien zu unerwarteten Durchbrüchen. Selbst Apple, Google und Facebook wurden davon überrascht. Sie hatten die großen Sprünge unterschätzt, die Künstliche Intelligenz in kurzer Zeit machen würde.

Die Tech-Riesen reagierten mit Zukäufen. Populärstes Beispiel: Der Kauf des kleinen britischen Labors für Künstliche Intelligenz namens DeepMind 2014 durch Google. Auch Facebook, Apple, Microsoft und andere führende Unternehmen wie Tesla oder der chinesische Konzern Alibaba investierten im großen Stil. Doch niemand hat so viele Experten versammelt und so große Sprünge gemacht wie Google.

Woher kamen die überraschenden Fortschritte der Künstlichen Intelligenz? Computer können jetzt dazulernen und Dinge erkennen, die bisher nur das menschliche Gehirn verarbeiten konnte. Verantwortlich dafür sind zwei technische Entwicklungen, die nach Jahrzehnten mühsamer Forschung in Künstlicher Intelligenz jetzt riesige Fortschritte möglich machen: „Machine Learning" und „Deep Learning".

Beim maschinellen Lernen merken sich Computer Anwendungsbeispiele, erkennen Gesetzmäßigkeiten und können mit diesem Wissen später auch neue Situationen ohne menschliche Hilfe meistern. Beim „Deep Learning" werden viele Berechnungen nacheinander auf unterschiedlichen Datenschichten (neuronalen Netzen) angewendet. Das ist nur mit gigantischen Rechenleistungen und riesigen Datenmengen („Big Data") möglich. Mit dieser Methode haben zum Beispiel Google und Apple ihre Spracherkennungssysteme wesentlich verbessert.

Aber auch Übersetzungsdienste wie Google Translate kommen schnell voran. Vor einigen Jahren waren die Übersetzungen noch sehr fehleranfällig. Heute kann das Computerprogramm auf der Basis der Künstlichen Intelligenz die Aufgabe des Übersetzens frappierend gut meistern – und das nach heutigem Stand in 103 Sprachen. So polyglott ist weltweit kein Mensch.

Ein signifikantes Beispiel für das Vorpreschen der Künstlichen Intelligenz ist das chinesische Brettspiel Go, das weltweit von Millionen Menschen vor allem in Asien, aber zunehmend auch in Europa gespielt wird. Das Spiel ist viel komplexer als Schach. Es gibt so viele mögliche Kombinationen, dass man sie schlicht nicht alle ausrechnen kann.

2016 hat die lernfähige Software AlphaGo von Google, entwickelt von DeepMind, den südkoreanischen Weltmeister und Großmeister von Go, Lee Sedol, herausgefordert und in vier von fünf Partien besiegt. AlphaGo lernte mit zwei unterschiedlichen Methoden: Es wurde mit Zehntausenden historischen Go-Partien gefüttert und es spielte gegen sich selbst.

Seit Oktober 2017 gibt es als jüngstes Kind der AlphaGo-Familie nun AlphaGo Zero. Es läuft auf deutlich einfacherer Hardware als das Monster, das 2016 Lee Sedol schlug, und es kommt mit nur einem neuronalen Netz aus, das im Konzert mit einem anderen KI-System arbeitet. AlphaGo Zero bekam keinerlei Hinweise auf gute Strategien. Man brachte ihm lediglich die Spielregeln bei. Binnen drei Tagen spielte AlphaGo Zero 4,9 Millionen Partien gegen sich selbst und lernte dabei aus seinen Fehlern. Ergebnis: Der Autodidakt AlphaGo Zero schlug das ältere, auf der Basis menschlichen Inputs trainierte System mit 100 zu 0.

Die auf neuronalen Netzen basierenden Systeme können nicht nur Go spielen, sie lassen sich für eine Vielzahl von Problemstellungen einsetzen: von Bilderkennung über Übersetzungen bis hin zur Krebserkennung, der Entwicklung neuer Werkstoffe oder Medikamente oder für selbstfahrende Autos. Künstliche Intelligenz steckt heute schon in unglaublich vielen Bereichen: in Suchmaschinen wie Google, über Staubsauger-Roboter bis zur Diagnose von Krankheiten, der Überwachung öffentlicher Plätze und der Berechnung von Aktien-Kursen.

Erst vor wenigen Wochen verkündeten fast zeitgleich der amerikanische Software-Gigant Microsoft und der chinesische Konzern Alibaba, dass sie Künstliche Intelligenz-Programme entwickelt hätten, die bei einem Standardtest im Leseverständnis besser abschnitten als menschliche Kontrahenten. Auch wenn Forscher der kalifornischen Standford University, die den Test dazu entwickelten, selbst einräumten, dass der Test Maschinen tendenziell begünstigt, eins ist klar: Künstliche Intelligenz wird unser Leben in den nächsten Jahren und Jahrzehnten radikal verändern.

Auf neuronalen Netzen basierende Systeme werden in naher Zukunft Probleme lösen, an denen die Menschheit seit Jahrhunderten scheiterte. Aufgabe von Wirtschaft, Wissenschaft, Staat und Gesellschaft muss es dabei sein, Risiken und negative Auswirkungen soweit wie möglich zu begrenzen, aber gleichzeitig die sich bietenden Chancen zu nutzen.

4. 3D-Druck revolutioniert die Produktion

Der 3D-Druck, als Technik für die schnelle und kostengünstige Fertigung von Prototypen seit den 1980er-Jahren bekannt, steht vor dem Durchbruch in die Massenproduktion. Die Kosten sinken rasant, die Produktivität steigt und neue Geschäftsmodelle entstehen.

3D-Druck ist additive Fertigung. Bei diesem Prozess wird auf der Basis von digitalen 3D-Konstruktionsdaten durch das Ablagern von Material schichtweise ein Bauteil aufgebaut. Anstatt zum Beispiel ein Werkstück aus einem festen Block herauszufräsen, baut die additive Fertigung Bauteile Schicht für Schicht aus Werkstoffen auf, die als feines Pulver vorliegen. Als Materialien werden zum Beispiel Metalle, Keramik oder Kunststoffe verwendet.

Bisher liegt der Schwerpunkt des 3D-Drucks beim Bau von Anschauungs- und Funktionsprototypen. Produktentwicklung und Markteinführung lassen sich dadurch entscheidend verkürzen. Mittlerweile hält der 3D-Druck jedoch zunehmend Einzug in die Serienfertigung. Der 3D-Druck zeigt dort seine Stärken, wo die konventionelle Fertigung an ihre Grenzen stößt.

Die Technologie setzt insbesondere an den Stellen an, wo Konstruktion, Design und Fertigung neu durchdacht werden müssen, um Lösungen zu finden. Auch eröffnet der 3D-Druck die Möglichkeit für höchst komplexe Strukturen, die gleichzeitig extrem leicht und stabil sein können. 3D-Druck ermöglicht das Herstellen kleiner Losgrößen zu angemessenen Stückkosten und eine starke Individualisierung von Produkten sogar in der Serienfertigung.

Der rasante technologische Fortschritt auf dem Gebiet des 3D-Drucks macht die verschiedenen Technologien auf diesem Feld immer interessanter für äußerst komplexe Anwendungen. Ein Punkt ist, dass sowohl die Drucker deutlich kostengünstiger hergestellt werden können, als auch die Produkte selbst. Der andere Punkt ist, dass kaum mehr Grenzen bezüglich der Größe des Produkts als auch der Zusammensetzung des Produkts bestehen. In China sind bereits viele Häuser aus dem 3D-Drucker entstanden, allerdings nach Bauvorschriften, die in Europa nicht ausreichen. In Kopenhagen entsteht jedoch jetzt das erste Haus aus dem 3D-Drucker strikt nach EU-Norm, was sicherlich ein Durchbruch im Bauwesen ist.

Der 3D-Druck hat eine längere Geschichte. Seit den 1980er-Jahren nutzte die Industrie dieses Verfahren für Prototypen. Mit dem 3D-Druck konnten Ideen einfacher, schneller und billiger visualisiert werden als mit Styropor-, Sperrholz- oder Gussmodellen. Heute ist 3D-Druck das Versprechen, die konventionelle Produktionstechnologie – Gießen, Fräsen, Schleifen, Drehen oder Bohren – zu ersetzen.

In einzelnen Branchen gelingt der Einstieg in die Massenproduktion von Einzelteilen bereits, zum Beispiel bei der additiven Fertigung von Zahnkronen. Pro Tag können 150 passgenaue Einzelstücke additiv gefertigt werden. 3D-Druck setzt sich immer stärker dort durch, wo komplex geformte Teile schnell, flexibel und in kleinen Stückzahlen auf den Markt kommen müssen: in der Autoindustrie, in der Luft- und Raumfahrt oder in der Medizintechnik.

Der 3D-Druck eröffnet auch in der Logistik neue Möglichkeiten. In Zukunft können Produkte erst in letzter Minute im Transporter vor der Haustür des Kunden fertiggestellt werden. Das hat den Vorteil, dass der Kunde einfacher und schneller seine Produkte bekommt.

Aber auch die Lagerhaltung und der Transport sind deutlich kostengünstiger, da sich die Rohmaterialien einfacher lagern und transportieren lassen. Das Modell der Herstellung vor Ort des Verbrauchs kann sogar die internationale Arbeitsteilung grundlegend verändern, da nur noch die digitalen Konstruktionspläne transportiert werden und nicht mehr das komplette Gut.

Logistiker müssen dann komplett umdenken. Logistik-Unternehmen wie UPS bauen daher schon „3D On-Demand-Center" auf, um für diesen Wandel gerüstet zu sein. Das Ergebnis ist eine Re-Regionalisierung der Produktion an den Ort des Verbrauchs. Neben den Robotern ist der 3D-Druck also künftig eine weitere große technologische Herausforderung für die bisherigen Wettbewerbsvorteile der Billiglohnländer.

Auch im privaten Bereich kann der 3D-Druck eine Revolution auslösen, wenn preisgünstige 3D-Drucker in den Haushalten Schritt für Schritt Einzug halten. Man bestellt sich bei Amazon oder bei anderen Händlern nur noch den digitalen Bauplan und druckt das Produkt – ein neues Spielzeug oder eine Pfanne – direkt in der Wohnung aus.

Der Schwerpunkt liegt allerdings eindeutig beim industriellen 3D-Druck. Auf diesem Gebiet ist Deutschland weltweit Vorreiter. Große Konzerne wie Siemens oder General Electrics haben hier ihre Entwicklungszentren für diese Technologien. Aber auch erfolgreiche mittelständische Unternehmen mischen kräftig mit. Ein Beispiel: EOS aus Krailling bei München ist ein weltweit führender Technologieanbieter für den industriellen 3D-Druck von Metallen und Polymeren.

EOS hat die Mikro Laser-Sintern (MLS) Technologie entwickelt. Mikro Laser-Sintern kann die Lösung sein, wenn die benötigten Teile klein, komplex oder individualisiert sind, wenn eine große Oberfläche innerhalb eines kleinen Volumens benötigt wird, wenn kleine metallische Teile in Leichtbauweise das Ziel sind oder wenn ein hoch schmelzender Werkstoff benötigt wird. Einsatzgebiete für die Mikrotechnologie gibt es schon heute viele und sie wachsen stetig. Speziell in der Medizintechnik, der Elektro- und Elektronikindustrie sowie der Automobilindustrie ist von einem steigenden Bedarf auszugehen.

Der industrielle 3D-Druck hat das Potenzial, die Produktionswirtschaft weltweit zu revolutionieren. In Kombination mit der Industrie 4.0, der rasanten Entwicklung der Künstlichen Intelligenz, der Sensorik und der Robotik wird der 3D-Druck wesentlich zu einem Umdenken in der Produktentwicklung und der Fertigung beitragen: weg von werkzeuggebundenen, starren Verfahren hin zu individualisierten, flexiblen Methoden. Eine stille Revolution steht vor der Tür!

5. Biotechnologie gibt wichtige Impulse

Die Biotechnologie ist in aller Munde – kann aber sehr viel unterschiedliche Dinge meinen. Biotechnologie steckt in Medikamenten, in Waschmitteln, aber auch in Pflanzen. Sie ist eine klassische Querschnittstechnologie, die sich nicht nur auf Disziplinen wie Biologie und Biochemie stützt, sondern auch Physik, Chemie, Verfahrenstechnik, Materialwissenschaft und Informatik umfasst. Kern der Biotechnologie ist die Anwendung von Wissenschaft und Technik auf lebende Organismen.

Die Einsatzmöglichkeiten der Biotechnologie sind nicht auf ein Gebiet beschränkt, sondern sehr vielfältig. So erforschen Biotechnologen kleine und große Organismen, Pflanzen, Tiere und Menschen, aber auch kleinste Teile wie einzelne Zellen oder Moleküle.

Biotechnologie ist zudem gar keine so neue Wissenschaft. Schon sehr lange benutzen Menschen lebende Mikroorganismen, etwa bei der Herstellung von Bier, Wein und Brot. Die moderne Biotechnologie, wie sie heute angewandt wird, nutzt indes gezielt die Methoden der Molekularbiologie.

Mit der Biotechnologie als vielgenutzter Querschnittstechnologie lassen sich neue Medikamente entwickeln, neue Pflanzensorten züchten oder Alltagsprodukte wie Waschmittel und Kosmetika effizienter herstellen. Zur Unterscheidung dieser verschiedenen Anwendungsgebiete hat sich eine Farbenlehre herauskristallisiert: So wird zwischen der roten, grünen und weißen Biotechnologie unterschieden. Die Farben beziehen sich auf die Gebiete Medizin (rot), Landwirtschaft (grün) sowie Industrie (weiß).

Rote Biotechnologie: Medizin

Die medizinische (rote) Biotechnologie beschäftigt sich mit der Entwicklung neuer therapeutischer und diagnostischer Verfahren. Die Grundlagen dafür wurden im Zuge der modernen Genomforschung gelegt. Ein Meilenstein dafür ist die Entzifferung des Humangenoms im Jahr 2001. Seitdem haben sich die Verfahren für die Genomanalyse nochmals sprunghaft weiterentwickelt.

Die Erbinformation ist der Bauplan aller Lebensvorgänge. Um den Mechanismen von Krankheiten auf die Spur zu kommen, ist das Wissen um diese Baupläne sehr wichtig. Je besser die Forscher verstehen, welche Gene für die Produktion bestimmter Eiweißmoleküle zuständig sind, umso eher können sie zielgerichtete Medikamente entwickeln.

Gerade bei Volkskrankheiten wie Herz-Kreislauf-Erkrankungen, Diabetes oder Krebs haben Wissenschaftler auf der Basis neuester Erkenntnisse bereits zahlreiche neue Ansätze für eine noch effizientere Behandlung mit weniger Nebenwirkungen oder gar Heilung von Krankheiten entdeckt. Konnten bisher vielfach nur Symptome einer Krankheit behandelt werden, lassen sich mit dem Wissen der Genom- und Proteomforscher inzwischen gezielt die Ursachen bekämpfen.

Das Konzept, Medikamente entsprechend der molekularbiologischen Signatur eines Menschen einzusetzen und zu entwickeln, wird unter dem Begriff personalisierte oder individualisierte Medizin gefasst. Krebs stellt dabei eines der am häufigsten erforschten Krankheitsbilder dar.

Grüne Biotechnologie: Landwirtschaft

Kommen biotechnologische Verfahren in der Landwirtschaft zum Einsatz, wird von grüner Biotechnologie oder Agrobiotechnologie gesprochen. Ohne

biotechnologische Methoden ist die moderne Landwirtschaft nicht mehr denkbar. Die Grundlagen
hierfür legte vor allem die Pflanzengenomfor-
schung, die in den vergangenen Jahren immer mehr
Wissen zutage förderte, das sich für die Züchtung
neuer Pflanzensorten gezielt nutzen lässt.

Früher mussten sich die Züchter allein auf die
Beobachtung und Analyse äußerlicher Merkmale
sowie auf ihre Erfahrung verlassen, ob es sich bei
der durch Kreuzung geschaffenen Pflanze um ein
Objekt mit den gewünschten Eigenschaften handelt
oder nicht. Erst der Erkenntnisfortschritt der Genomforschung hat hier zu einem großen Wandel
beigetragen.

Pflanzenzüchter können inzwischen nützliche
Eigenschaften der Pflanzen auf genetischer Ebene
bestimmen und die verantwortlichen Gene im Erbgut lokalisieren. Mit einer solchen Landkarte des
Pflanzengenoms lassen sich Präzisionszüchtungen
erreichen. Kaum ein Pflanzenzüchter verzichtet heute noch darauf.

Die Ansprüche an die Pflanzen sind heute enorm
gewachsen. Auf dem Acker haben Elite-
Zuchtpflanzen oberste Priorität, die angepasst an
die jeweiligen Anbau- und Klimaverhältnisse ganz

spezielle Eigenschaften aufweisen. Das Erbgut von Pflanzen kann inzwischen gezielt verändert werden, beispielsweise um ihre Abwehr gegen Schädlinge zu stärken oder ihren Ertrag bestimmter Substanzen zu erhöhen.

Die grüne Biotechnologie eröffnet zwar für die Zukunft viele neue Möglichkeiten. Ihr Einsatz ist aber, was die Debatten um den Anbau von „Gen-Mais" zeigen, in Deutschland und auch in anderen europäischen Ländern nach wie vor umstritten. Das Unternehmen BASF hat deshalb seine Forschung und Entwicklungsaktivitäten zur Grünen Gentechnik in die USA verlagert. Weitere Forschungsarbeit muss zeigen, welche Auswirkungen längerfristig die Grünen Gentechnik auf die Gesundheit und die Umwelt hat.

Weiße Biotechnologie: Industrie

Ob im Waschmittel oder in der Hautcreme – in einer Vielzahl von industriellen Produkten steckt Biotechnologie. Der Griff in die Werkzeugkiste der Natur hilft der Industrie, ressourcenschonender und umweltfreundlicher zu arbeiten. Dies gilt für viele Lebensmittel, die schon seit Jahrhunderten auf die

Kraft von lebenden Mikroorganismen setzen, wie Brot, Käse, Bier und Wein.

Aber auch bei der Herstellung hochwertiger Chemikalien, Arzneimittel, Vitamine, Wasch- und Reinigungsmittel, bei der Veredelung von Textilien, Leder und Papier und bei der Herstellung vieler anderer oft benutzter Gegenstände sind Methoden der weißen Biotechnologie zu einem festen Bestandteil des Produktionsverfahrens geworden.

Die Genomforschung trieb die dynamische Entwicklung der modernen weißen Biotechnologie immer weiter voran. Dieses Wissen legte die Fundamente dafür, dass sich die evolutionär geschaffene biosynthetische Vielfalt der belebten Natur inzwischen viel gezielter für industrielle Prozesse nutzen lässt.

Biotechnologische Verfahren bieten gegenüber chemischen Verfahren den Vorteil, dass Prozesse oftmals unter milden, umweltschonenden Bedingungen stattfinden können. Mikroorganismen bewerkstelligen komplexe Stoffumwandlungen mit hoher Ausbeute bei Zimmertemperatur und Normaldruck, wofür chemische Verfahren hohe Temperaturen und hohen Druck brauchen.

An die industrielle Biotechnologie sind deshalb immer auch ökologische Erwartungen geknüpft. In vielen Bereichen – etwa der Waschmittel – oder der Textilherstellung – haben sich diese bereits erfüllt. So tragen zum Beispiel Biokatalysatoren in Waschmitteln zu einer Reduzierung der Waschtemperatur bei.

Der Anteil biotechnologischer Verfahren bei der Herstellung chemischer Produkte dürfte in der Zukunft noch erheblich zunehmen. Experten schätzen, dass bereits im Jahr 2030 Biomaterialien und Bioenergie ein Drittel der gesamten industriellen Produktion ausmachen werden.

In vielen Anwendungsgebieten haben die Entwicklungen allerdings erst begonnen, vor allem bei der Herstellung von Biokunststoffen oder der Gewinnung von Energie aus nachwachsenden Rohstoffen. Hier müssen künftige Forschungsarbeiten erst den Grundstein für eine tatsächlich effiziente Produktionsweise legen, wobei die Biotechnologie einen entscheidenden Beitrag dazu leisten kann.

Die Beispiele aus der Biotechnologie zeigen, was allein in diesem technologischen Zukunftsbereich an Möglichkeiten vorhanden ist. Dabei bleibt noch unberücksichtigt, dass die Biotechnologie vielen anderen Forschungs- und Technologiefeldern wichtige Impulse gibt. Dies zeigt sich zum Beispiel bei der Materialwissenschaft und Werkstofftechnik.

Nehmen wir hierzu nur den Bereich der Bio-werkstoffe heran. Forscher des VDI Technologie-zentrums und des Fraunhofer-Instituts für System- und Innovationsforschung zeigen in ihrem Bericht „Forschungs- und Technologieperspektiven 2030" Anwendungsbeispiele für Biowerkstoffe auf, die ein hohes Lösungs- und Innovationspotential aufwei-sen:

> Verpackungen wie Tüten, Folien, Schalen, Becher, Netze aus Biokunststoffen vor al-lem für Nahrungsmittel,

> Cateringprodukte wie Geschirr, Besteck, Becher, Trinkhalme aus kompostierbaren Biokunststoffen,

> Kompostierbare Folien, Netze, Töpfe, Schalen, Bänder aus Biokunststoffen für Garten- und Landschaftsbau,

> Chirurgisches Nahtmaterial, resorbierbare Implantate, Wirkstoffdepots aus Bio-kunststoffen; thermoplastische Stärke als Gelatineersatz für Kapseln und Pillen,

> Pflege- und Hygieneprodukte wie Windelfolie, Unterlagen, Einmalhandschuhe usw. aus Biokunststoffen,
> Autointerieur: Türverkleidung, Armaturenbrett, Autohimmel, Kofferraumauskleidung usw. aus naturfaserverstärkten Kunststoffen,
> Flachs, Hanf, Wolle oder Cellulose als Naturdämmstoffe im Bauwesen,
> Elektronikgehäuse, Schreibmaterial, Büroartikel aus Biokunststoffen,
> Sportartikel wie Sportbrillen, Skistiefel, Turnschuhe aus Biokunststoffen.

Diese Beispiele zeigen, dass Biowerkstoffe bereits in vielen Anwendungsbereichen herkömmliche Werkstoffe ersetzen können. Dies ist aber nur ein sehr kleiner Ausschnitt aus den schier unbegrenzten Möglichkeiten, die sich aus zahlreichen künftigen Forschungs- und Technologiefeldern ergeben und aus deren Vernetzungen und Querschnittswirkungen.

Die technologische Entwicklung der Zukunft dürfte dabei besonders durch Synthetisierung, durch Koppelung und Kreuzung bereits vorhande-

ner Erkenntnisse und Erfahrungen gesteuert werden. Der Blick in die Zukunft bleibt spannend!

6. Digitaler Wandel treibt die Manager

Viele Unternehmen haben noch eine diffuse digitale Strategie. Das hilft den Angreifern aus dem Silicon Valley. Digitale Chancen müssen deshalb noch deutlich konsequenter genutzt werden.

Unternehmen, die auch morgen erfolgreich sein wollen, müssen bereits heute die Chancen noch konsequenter nutzen, die ihnen die Digitalisierung bietet. Denn die Digitalisierung verspricht niedrigere Kosten, erhöhte Produktqualität, mehr Flexibilität und Effizienz und kürzere Reaktionszeiten auf die Wünsche der Kunden und die Anforderungen des Marktes. Digitalisierung eröffnet nicht zuletzt neue innovative Geschäftsfelder.

Während Deutschland über unzählige Weltmarktführer in den klassischen Wirtschaftsbranchen verfügt, kommt kein einziger digitaler Champion aus Deutschland. Dies ist umso dramatischer, als die großen Player wie Google (Alphabet), Facebook & Co. oder Amazon zunehmend auch in die realen

Wirtschaftsbranchen eindringen und hier die Spielregeln teilweise grundlegend verändern wollen.

Die Angreifer aus dem Silicon Valley zielen nicht nur auf die Autohersteller, den Maschinenbau oder die Banken und Versicherungen, sondern auf viele weitere Branchen wie zum Beispiel die Pharmaindustrie oder Transport und Logistik. Disruption bedeutet, dass die Zerstörung nicht langsam kommt, sondern plötzlich und abrupt. Für die Manager in traditionellen Branchen ist es die größte Herausforderung, die Gefahr der Disruption rechtzeitig zu erkennen und den digitalen Wandel zu gestalten.

Manager müssen Treiber des digitalen Wandels sein. Jedoch ist es häufig umgekehrt: Digitaler Wandel treibt die Manager. Viele Unternehmen räumen selbst ein, dass ihre digitale Strategie unklar und diffus ist. Jedoch verhilft nur eine gründliche Analyse von technischen Möglichkeiten, der Strategie und von Anforderungen und Prozessen dazu, komplexe Managementaufgaben wie die Einführung einer Digitalisierungsstrategie erfolgreich umzusetzen.

Ein Gutachten der Expertenkommission Forschung und Innovation hat ergeben, dass deutsche Unternehmen bei der Nutzung neuer digitaler Mög-

lichkeiten derzeit allenfalls internationales Mittel-
maß sind. Eine Umfrage von Crisp Research unter
503 Führungskräften in Deutschland hat zudem
gezeigt, dass die große Mehrheit (70%) der Manager
in die Gruppe der "digitalen Anfänger" einzustufen
ist.

Digitalisierung kam nicht über Nacht. Zunächst
beschränkte sich die Nutzung digitaler Technologien auf die originären Bereiche der Informations-
und Kommunikationstechnologien. Nach dem starken Wachstum in diesen Branchen in den 1980er-
und 1990er-Jahren und dem Platzen der New-
Economy-Blase zu Beginn des neuen Jahrtausends
veränderte sich der Charakter des digitalen Wandels
grundlegend.

Die Informations- und Kommunikationstechnologien sind nicht mehr länger nur in einer bestimmten Branche beheimatet. Vielmehr etablierten sie
sich in fast sämtlichen Bereichen der Volkswirt-
schaft. Durch diese breite Diffusion ermöglicht die
Digitalisierung auch in anderen Branchen technologischen Fortschritt.

Viele Experten meinen, dass Europa keine Chancen mehr hat, im Verbrauchergeschäft mit Online-

plattformen zu US-amerikanischen und chinesischen Firmen aufzuholen. Stattdessen müssten sich die Europäer auf das Internet der Dinge mit seinen vernetzten Geräten konzentrieren.

Ein Schwerpunktbereich der Digitalisierung der Wirtschaft ist die Industrie 4.0. Wenn Bauteile eigenständig mit der Produktionsanlage kommunizieren und bei Bedarf selbst eine Reparatur veranlassen, wenn sich Menschen, Maschinen und industrielle Prozesse intelligent vernetzen, sprechen wir von Industrie 4.0.

In der Industrie 4.0 verzahnt sich die Produktion mit modernster Informations- und Kommunikationstechnik. Das ermöglicht maßgeschneiderte Produkte nach individuellen Kundenwünschen, kostengünstig und in hoher Qualität. Die Fabrik der Industrie 4.0 sieht folgendermaßen aus: Intelligente Maschinen koordinieren selbständig Fertigungsprozesse, Service-Roboter kooperieren in der Montage auf intelligente Weise mit Menschen, fahrerlose Transportfahrzeuge erledigen eigenständig Logistikaufträge.

Industrie 4.0 bestimmt dabei die gesamte Lebensphase eines Produktes: Von der Idee über die

Entwicklung, Fertigung, Nutzung und Wartung bis hin zum Recycling. Über die „Intelligente Fabrik" hinaus werden Produktions- und Logistikprozesse künftig unternehmensübergreifend vernetzt, um den Materialfluss zu optimieren, um mögliche Fehler möglichst frühzeitig zu erkennen und um hochflexibel auf veränderte Kundenwünsche und Marktbedingungen zu reagieren.

Gegenwärtig ist die Realisierung der Industrie 4.0 noch ein Zukunftsprojekt. Enorme technische und wirtschaftliche Herausforderungen sind zu bewältigen.

Dennoch: Der Industriestandort Deutschland besitzt mit seiner Mischung aus öffentlich und privat finanzierter Forschung auf höchstem internationalem Niveau, mit hochinnovativen Anbietern von Produktionstechnologien, mit weltweit führenden Herstellern auf dem Gebiet der eingebetteten Systeme und der spezialisierten Unternehmenssoftware sowie einer dynamischen Branche für IT-Sicherheitstechnologien gute Voraussetzungen für eine wirtschaftliche Pionierrolle beim Aufbau der Industrie 4.0.

7. Verkehr der Zukunft

Der Verkehr der Zukunft: Erleichtert er unsere Mobilität oder schränkt er sie ein? Ermöglichen uns unsere künftigen Verkehrsmittel und unsere Straßen, Schienen, Luft- und Wasserwege, Geh- und Radwege unfallfreie, schnelle, kostengünstige und umweltschonende Fortbewegungen? Schon heute verbringt jeder Deutsche durchschnittlich 60 Stunden jährlich im Stau. Wird diese Staufalle noch größer oder gibt es künftig Auswege aus diesem Dilemma?

Vision für nachhaltigen Verkehr

Das Fraunhofer-Institut für System- und Innovationsforschung (ISI) hat aus jahrzehntelang gewonnenen Daten, Trends und Prognosen „VIVER" entwickelt, die Vision für nachhaltigen Verkehr in Deutschland im Jahr 2050. Zwei Autos in der Garage, mit dem Wagen zur Arbeit, in den Urlaub und auch zum Bäcker – für viele Familien ist das Auto das wichtigste Verkehrsmittel. Im Jahr 2050 soll das nach VIVER Vergangenheit sein. Es gibt dann nur noch 250 Autos pro 1000 Einwohner, weniger als die Hälfte im Vergleich zu heute. Der stark reduzierte Autoverkehr ist reibungslos mit öffentlichen Verkehrsmitteln verknüpft.

Nach der Vision des Fraunhofer-Instituts sind die Deutschen 2050 ein Volk von multimodalen Verkehrsnutzern geworden. Man zahlt nicht mehr monatliche Fixkosten für ein Auto, sondern nutzungsabhängig für das Verkehrsmittel, das man gerade braucht – sei es die Bahn, der Mietwagen, der Segway oder das Fahrrad.

Das Verhältnis der Menschen zum Automobil wird sich stark verändern. Das Auto als Statussymbol hat nach dieser Studie ausgedient – ein Trend, den man schon heute bei vielen jungen Leuten, die in einer Großstadt wohnen, beobachten kann. Als Alternative zum privaten Pkw können umfangreiche Mobilitätspakete überall verbreitet sein und die ansonsten gestiegenen Mobilitätskosten erheblich senken. Rückgrat der vernetzten Mobilität wäre der barrierefreie Zugang zu allen Verkehrsmitteln im Personenverkehr durch einfache und standardisierte Informations- und Buchungssysteme. Bausteine der neuen Multi-Modalität wären moderner öffentlicher Verkehr, Car-Sharing, Mietwagen, Bike-Sharing,

Mitfahrdienste inklusive Mobilitätsgarantien, Lieferdienste und Taxi. Die Abrechnung würde im Prepaid-Verfahren oder per monatlicher Rechnung über alle verwendeten Verkehrsdienstleistungen erfolgen.

Sharing-Pkw und Sharing–Räder, die überall in der Stadt geparkt wären, würden spontan ohne Vorbuchung und ohne feste Rückgabezeit genutzt und an Parkplätzen überall in den Städten wieder abgestellt. Erschwingliche Elektro-Räder steigern die Popularität des Fahrradfahrens auch in bergigen Regionen. Ebenso werden Kurzstrecken wieder öfter zu Fuß zurückgelegt, da in den Städten attraktive Fußwege und vielfach grüne, verkehrsberuhigte Flächen zum Ausruhen und Verweilen geschaffen worden sind.

Intelligente, intermodale Routenplaner in den Smartphones der neuesten Generation würden sekundenschnell die schnellsten, kostengünstigen und umweltschonenden Alternativen ermitteln und den Nutzern zu den verschiedenen Verkehrsmitteln lotsen. Der nächste Car-Sharing-Pkw, das nächste Leih-Fahrrad sowie die Anschlussverbindungen mit Tram, Metro oder S-Bahn würden angezeigt und könnten einfach gebucht, genutzt und bezahlt werden.

Soweit die Vision der Fraunhofer-Forscher für 2050. Die Forscher gehen davon aus, dass in einem nachhaltigen Verkehrssystem der Personen- und Güterverkehr bis 2050 nicht weiter wachsen würde. Allein die aktuellen Prognosen des Bundesministeriums für Verkehr und digitale Infrastruktur zeigen jedoch für beide Bereiche ein deutliches Wachstum. Danach wird allein schon bis 2030 die Verkehrsleistung im Personenverkehr um 13 % zunehmen, im Güterverkehr sogar um 38 %.

Auch wenn die Vision VIVER viele realistische Aussagen zur intelligenten Vernetzung der Verkehrsmittel enthält: Wie lässt sich zum Beispiel der Verkehr im ländlichen Raum ohne leistungsfähige, sparsame und sichere Autos bewältigen, wo finden sich in den Städten ausreichende Parkplätze für Car-Sharing oder Mietwagen, oder bleibt das Auto doch auch künftig Statussymbol für viele Menschen? Viele Probleme und viele noch offene Fragen.

Verkehr der Zukunft wird „intelligenter" sein

Eines aber ist sicher: Der Verkehr der Zukunft wird „intelligenter" sein. Intelligente Verkehrsleitsysteme werden in Zukunft den Autofahrer möglichst stau frei durch die Straßen lotsen. In Echtzeit werden Daten über die Auslastung der Straßen gesammelt und verarbeitet und mit den Daten der Verkehrsteilnehmer abgeglichen, etwa mit der Wegstrecke, Geschwindigkeit, Fahrbahnbeschaffenheit und dem Reiseziel. So soll jeder Autofahrer eine individuelle Fahrtempfehlung erhalten, die ständig mit den aktuellen Verkehrsverhältnissen abgeglichen wird, gegebenenfalls werden dann Alternativrouten vorgeschlagen. Die heutigen teilweise schon vorhandenen Systeme werden künftig noch erheblich verfeinert und erweitert.

Die Ansatzpunkte für Zukunftstechnologien im Rahmen Intelligenter Verkehrssysteme sind vielschichtig: Hier geht es zum Beispiel um Forschung für Antriebstechnik und Kraftstoffe, Fahrzeugbau, Infrastrukturen und Verkehrssysteme, Emissionsminderung, Autonomes Fahren und Verkehrsflussoptimierung, IT-Dienste im Fahrzeug und für das Fahrzeug, Multimodaler Verkehr oder Logistik und Internet der Dinge.

Autonomes Fahren gewinnt an Bedeutung

Besondere Bedeutung kommt künftig dem autonomen Fahren zu. Hier lassen sich je nach Verkehrsträger unterschiedliche Reifegrade feststellen. So ist der Automatisierungsgrad bzw. Autonomisierungsgrad im Flugverkehr bereits heute relativ hoch. Im schienengebundenen Verkehr gibt es bereits heute erste Anwendungen des autonomen Fahrens (zum Beispiel im U-Bahn-Bereich). Mit der Einführung des European Train Control System Standards (ETCS) werden perspektivisch auch die Möglichkeiten einer höheren Automatisierung im Schienen-Fernverkehr geschaffen.

Auch die Voraussetzungen für die Automatisierung des öffentlichen Verkehrs, die einen fahrerlosen Betrieb von Bussen und Straßenbahnen ermöglichen würde, stellen sich – vor allem im Vergleich zum autonomen Fahren im motorisierten Individualverkehr – sehr gut dar. Potenziale ergeben sich darüber hinaus für autonomes Fahren auch im Schiffsverkehr.

Das autonome Fahren hat die Automobilbranche in Aufregung versetzt. Ein Auslöser dafür war, als Google vor einiger Zeit fahrerlose Roboterautos auf Probetouren durch das kalifornische Mountain View schickte. Werden neue Spieler wie Google, Apple oder der kalifornische Elektroautobauer Tesla jetzt die Spielregeln der Autobranche komplett verändern und Unternehmen wie BMW, Daimler, Audi und Volkswagen in den nächsten Jahren überholen oder irgendwann sogar ganz vom Markt verdrängen?

Die Automobilhersteller bleiben wachsam. Ein Beispiel: BMW baut im Großraum München ein Entwicklungszentrum für autonomes Fahren mit rund 2000 Mitarbeitern auf. Dadurch werden die Experten für autonomes Fahren an einem Standort vereint. Mit dem neuen Zentrum werden neue Arbeitsstrukturen geschaffen, die ein schnelles Agieren in einem hochinnovativen Umfeld ermöglichen.

BMW will bereits 2021 ein selbstfahrendes Auto auf den Markt bringen. Mit dem weltgrößten Chiphersteller Intel und dem israelischen Roboterwagen-Spezialisten Mobileye als Partner will BMW die dafür notwendige Technik entwickeln.

Der Weg vom assistierten Fahren mit Einparkhilfen, Stauassistenten und kontrolliertem Spurhalten hin zum komplett autonomen Fahren dürfte dennoch lang sein und viele Jahre dauern. Die Technik kann zwar schon vieles, aber die rechtlichen Rahmenbedingungen insbesondere unter Sicherheitsaspekten im öffentlichen Raum müssen erst noch geschaffen werden.

Teilautonome, autonome und vernetzte Straßenfahrzeuge könnten in Zukunft einen dichteren Verkehrsfluss erlauben und zugleich die Verkehrssicherheit erhöhen. Diese technische Entwicklung wird durch zwei gesellschaftliche Trends forciert: Die Zahl der Autofahrer älter als 65 Jahre nimmt zu, der Anteil bzw. die Fahrleistung der Autofahrer unter 35 Jahren hingegen ab.

Die reduzierte Wahrnehmungsfähigkeit älterer Fahrer könnte durch technische Maßnahmen ausgeglichen werden und so deren Mobilität gesichert werden. Die jüngeren Autofahrer – so die VDI-Forscher – könnten sich zukünftig während des Fahrens ungestört dem Infotainment widmen, das derzeit noch die Fahrsicherheit beeinträchtigt.

Reise in das Jahr 2050

Reisen wir doch mit Ulrich Eberl in das Jahr 2050. In der Welt des Jahres 2050 wird Mobilität ganz anders buchstabiert werden als heute: In „grünen" Stadtvierteln werden viele Wege zu Fuß oder per Fahrrad zu bewältigen sein. So wie es heute in vielen Städten Fahrradverleihstationen gibt, werden in Zukunft Stadtautos zu mieten sein und nach einer einmaligen Anmeldung mit Chipkarten oder per Handy schnell und problemlos bezahlt werden können.

Auch werden manche Fahrten ins Büro durch Telearbeit ganz entfallen. Zudem werden es viele Bürger vorziehen, auf das stark ausgebaute Netz der öffentlichen Verkehrsmittel umzusteigen, zumal der Betrieb von Fahrzeugen mit Verbrennungsmotoren über Abgaben und Mautgebühren recht teuer sein wird. In Verteilzentren an den Stadtgrenzen werden Waren in emissionsfreie und geräuscharme Nutzfahrzeuge umgeladen, die ins Stadtzentrum fahren dürfen.

Busse und Bahnen werden nicht nur sehr komfortabel und energieeffizient sein, sondern sie werden auch stark automatisiert funktionieren und eng getaktet hintereinander fahren – was die Hürde, sie zu nutzen, weiter senkt. Wer dennoch mit dem eigenen Auto fährt, wird meist ein Elektroauto benutzen, das überall betankt werden kann, wo elektrischer Strom zur Verfügung steht, zu Hause ebenso wie beim Supermarkt, auf dem Firmenparkplatz oder am Flughafen.

Dank vielfältiger Sensoren wird dieses Auto wie fast ein persönlicher Roboter auf vier Rädern agieren und mit der Umgebung über zahlreiche Netze verbunden sein. Verkehrsdaten, Wetterdaten und Informationen über Objekte in der Nähe – vom nächsten Parkplatz bis zu den Restaurants – bekommt es über das Internet. Über verschlüsselte Daten kann es auch das Smart Home seines Besitzers kontaktieren.

Metergenaue Ortsinformationen liefert das Satellitensystem Galileo, und die Verbindung zu anderen Autos und der Verkehrsinfrastruktur hält das Smart Car per Funk. Dabei könnten die Fahrzeuge auch Kontakt zu „intelligenten" Ampeln aufnehmen, die solange grüne Welle zeigen, bis sich ein Querverkehr ankündigt.

Der Verkehr der Zukunft bietet zwar keine Garantie auf Staufreiheit und optimale Fortbewegung. Aber: Technische, organisatorische, ökonomische und ökologische Systeme wachsen zusammen, vernetzen sich und gewährleisten uns wohl auch künftig eine ausreichende, sichere und bezahlbare Mobilität in Stadt und Land.

8. Lkw-Verkehre in der Sackgasse

Lkw- und Lieferverkehre stehen kurz vor dem Infarkt: Explodierender Online-Handel, überfüllte Autobahnen und verstopfte Parkplätze gefährden die Mobilität auch des Personenverkehrs.

Jeder Kardiologe weiß: Verstopfte Arterien bedrohen den Kreislauf und erhöhen das Herzinfarktrisiko dramatisch. Die Verkehrsadern in Deutschland sind von Jahr zu Jahr deutlich stärker verstopft. Aber Abhilfe ist nicht in Sicht.

Jeder kennt es: Lkw-Kolonnen bringen immer häufiger auch den Personenverkehr fast zum Erliegen, Lieferdienste wie DHL, Hermes, UPS oder DPD blockieren besonders in städtischen Gebieten Geh- und Radwege oder behindern den Verkehr durch das Parken in zweiter Reihe. Der Online-Handel explodiert. Derzeit erfolgen 3 Mrd. Aussendungen pro Jahr. Roland Berger schätzt, dass sich die Internetbestellungen bis 2030 verdoppeln.

Beim Lkw-Verkehr, der heute schon immer häufiger an seine Grenzen stößt, zeichnen sich in den nächsten Jahren ebenfalls drastische Engpässe ab. Das Bundesverkehrsministerium rechnet bis 2030 mit einer Zunahme des Güterverkehrs um 38%. Der Ausbau der Verkehrsinfrastruktur kommt hingegen nur schleppend voran.

Der „Kombinierte Verkehr" mit Containern und Wechselaufbauten, der eigentlich die Vorteile der Schiene bei kostengünstigen und umweltschonenden Langstreckentransporten und die Flexibilität des Lkws in der Fläche über effiziente Umschlagsterminals verknüpfen sollte, ist in den letzten Jahrzehnten nie richtig in Schwung gekommen. Vielmehr hat sich der Straßengüterverkehr immer stärker ausgeweitet.

Neben deutschen, niederländischen oder italienischen Lkws fahren seit der EU-Osterweiterung auch viele Lkws aus Polen, Tschechien, Ungarn, Rumänien oder Bulgarien auf unseren Straßen. Lange, stauverursachende Lkw-Kolonnen und randvoll überfüllte Parkplätze führen zu bestimmten Zeiten und in bestimmten Räumen schon heute teilweise zum Verkehrsinfarkt.

Trotz allem: Ohne Lkws, die derzeit rund drei Viertel des Gütertransports in Deutschland bestreiten, blieben Supermarktregale leer, Pakete kämen nicht bei ihren Empfängern an und die produzierende Wirtschaft würde nicht mit unverzichtbaren Gütern und Materialien beliefert.

Umso dringender ist die Frage, wie wir einen drohenden Infarkt abwenden können. Versuche mit überlangen Lkws oder mit dem sogenannten „Platooning", einer Art elektronisch gesteuerten, im engen Abstand fahrenden Güterzugs aus Lastwagen, sind nur Feigenblätter, aber helfen bei der Gesamtproblematik nicht wirklich weiter.

In den nächsten fünf bis zehn Jahren wird die Verkehrspolitik zum Handeln gezwungen werden. Wegschauen geht nicht mehr länger. Es ist zu befürchten, dass es ohne durchgreifende Reglementierung beim Lkw- und Lieferverkehr nicht mehr weitergeht. Das allerdings ist dann eine Operation am offenen Herzen, um den Infarkt zu vermeiden

9. Intelligente Häuser

In unseren Häusern und Wohnungen kamen in der Vergangenheit Zug um Zug allerlei Annehmlichkeiten hinzu: um 1905 der Staubsauger, in den 1920ern der Radioapparat und der Kühlschrank, in den 30ern Elektroherd und Haartrockner, in den 50ern Fernseher und in den 70erJahren die Mikrowellengeräte. Doch nach wie vor gilt, dass ein Haus nicht viel mehr ist als eine schützende Hülle, und dass die Geräte darin meist noch unabhängig voneinander und von der Außenwelt funktionieren.

Dies wird sich bis 2050 grundlegend ändern. Die Gebäude werden elektronische Nervensysteme und eine eigene Intelligenz bekommen. Es ist offensichtlich, dass die Gebäude der Zukunft smarter und effizienter funktionieren werden – denn es kann nicht sinnvoll sein, dass das Auto in der Garage um Längen intelligenter, sensibler und kommunikativer ist als das eigene Zuhause.

Im Haus der Zukunft – zuerst bei Büro- und Gewerbebauten, später auch im Privatbereich – wird die Gebäudetechnik Systeme wie Elektro- und Wasserversorgung, Heizung, Lüftung, Klima- und Kältetechnik, aber auch Sicherheits-lösungen wie Brand- und Einbruchschutz, Zutrittskontrolle und Videoüberwachung zu einer Einheit verknüpfen und aufeinander abgestimmt steuern.

Bis zum Jahr 2050 werden darüber hinaus viele Häuser nicht nur Energie verbrauchen, sondern auch selbst Überschüsse erzeugen. Sie werden dann aktive Teilnehmer am Smart Grid, dem intelligenten Energienetz von morgen. Solche Plusenergiehäuser gibt es zum Teil schon heute, sie haben aber vorerst nur Pilotcharakter.

Wie bei den meisten Zukunftstechnologien hängt auch in der Gebäudetechnik viel von der Entwicklung neuer Werkstoffe ab. Ein Beispiel: Elektrochrome Materialien sind die Voraussetzung für „mitdenkende Fenster", die gezielt ihre Lichtdurchlässigkeit verändern können. Bei manchen Rückspiegeln im Auto wird dies bereits eingesetzt, um die Blendwirkung zu verringern – ein Sensor misst das einfallende Licht und dunkelt dann den Spiegel entsprechend ab.

Ob für Energietechnik, die Beleuchtung, die Sicherheit oder die Gesundheit: Eine wichtige Rolle im Gebäude der Zukunft werden die Sensoren spielen. Sie werden Bewegungen und die Stärke des Tageslichts registrieren und danach die Beleuchtung regeln. Sie werden Temperatur und Lichtqualität messen und Heizung und Lüftung anpassen.

Sie werden im Kühlschrank die Frische von Lebensmitteln analysieren. Sie werden Besucher anhand ihres Gesichts, ihrer Stimme, ihrer Gestalt oder ihres Fingerabdrucks erkennen und sie werden Gase untersuchen und daraus Rückschlüsse auf mögliche Brände ziehen oder auf das Wohlbefinden der Bewohner.

All dies ist vor allem auf die Fortschritte zurückzuführen, die Forscher in Bezug auf die Miniaturisierung der Sensoren und die Rechen-leistung der Computer machen.

Doch selbst wenn dies alles künftig machbar sein kann, so dürfte doch für die meisten Haus- oder Wohnungsbesitzer eine solche intelligente Aufrüstung ihrer vier Wände schlicht und einfach zu teuer werden.

Der Trend ist allerdings klar: Unterschiedlichste Geräte werden eigene Rechenleistung erhalten und selbst kommunizieren können. Sie werden über „Home Control"-Systeme miteinander und mit der Umgebung vernetzt sein – und sie werden über einen geschützten Internetzugang sogar von außen gesteuert werden können.

Die klassische Urlaubsfrage „Habe ich den Herd ausgeschaltet und die Tür zugesperrt?" wird künftig der Vergangenheit angehören, da man selbst vom fernen Strand aus schnell nachschauen und notfalls eingreifen kann.

10. Personalisierte Medizin im Vormarsch

Medizin und Gesundheit: Megathemen, die in der Zukunft einen noch höheren Stellenwert haben werden. Nie zuvor hat die Medizin so rasante Fortschritte gemacht wie heute. Bei Herzoperationen können Chirurgen darauf verzichten, den Brustkorb zu öffnen. Die Entfernung einer Niere verläuft künftig ohne Narben. Die schonenden Schlüsselloch-OPs überspringen Hürden, die noch vor wenigen Jahren als unüberwindlich galten. In der Krebsforschung und Krebsbehandlung und in vielen anderen Bereichen konnten wichtige Fortschritte erzielt werden.

In nur 100 Jahren haben wir – auch dank der Ergebnisse der Gesundheitsforschung und großer Fortschritte in der Gesundheitsversorgung – eine um 30 Jahre gestiegene Lebenserwartung gewonnen, Tendenz steigend. Trotz eines aktuell hohen medizinischen, technischen und pharmazeutischen Versorgungsniveaus in Deutschland besteht ein Grundproblem der Medizin aber auch heute noch darin, spezifische Behandlungsverfahren zu entwickeln, die bei jedem einzelnen Patienten optimal wirksam sind und so wenig Nebenwirkungen wie möglich hervorrufen.

In Abhängigkeit von genetischen Grundlagen, Geschlecht, Alter oder Mehrfacherkrankungen kann die Wirksamkeit eines Behandlungsverfahrens bis zur Unwirksamkeit abnehmen und/oder das Risiko unerwünschter Nebenwirkungen deutlich zunehmen. Heute sprechen je nach Erkrankung nur 25 Prozent bis 70 Prozent der Patienten auf die verabreichten Medikamente an. Allein für die Behandlung unerwünschter Nebenwirkungen werden in Deutschland rund 2,5 Milliarden Euro jährlich ausgegeben.

Hier kann die Personalisierte bzw. Individualisierte Medizin künftig wichtige Fortschritte ermöglichen. Auch wenn die Forschung noch vor großen Herausforderungen steht, sind die Voraussetzungen für nachhaltige Erfolge auf dem Weg zu einer Individualisierten Medizin heute besser denn je: Mit der vollständigen Aufschlüsselung des menschlichen Genoms durch die rasante Entwicklung der Sequenziertechnologie und anderer Verfahren zur Analyse von Biomaterialien (zum Beispiel Blut, Zellen oder Tumorgewebe) sind die Grundlagen für ein besseres

Verständnis der Entstehung von Krankheiten sowie deren Prävention, Diagnose und Behandlung geschaffen.

Durch bioinformatische Verarbeitung und systematische Betrachtung vorhandener Daten sind bereits wichtige Bausteine für eine Individualisierte Medizin entstanden. Dabei ist die Entwicklung von maßgeschneiderten Behandlungsansätzen in der Onkologie am weitesten fortgeschritten. Auch in der kardiovaskulären Medizin, der Neurologie und bei metabolischen Erkrankungen sind ähnliche Ansätze festzustellen.

Die Individualisierte Medizin besitzt das Potenzial, eine neue Qualität in die Versorgung der Patienten zu bringen. Krebs, Bluthochdruck oder Alzheimer werden in Zukunft durch molekulare Parameter genauer definierbar. Nicht eine Krankheit, sondern der erkrankte Mensch mit seinen individuellen Eigenschaften und Voraussetzungen bildet den Ausgangspunkt für medizinische Interventionen.

Für viele Patienten bietet bereits eine schnelle, zutreffende Diagnose eine deutliche Verbesserung im Vergleich zur heutigen Situation: Die genaue Bestimmung und Klassifizierung einer Erkrankung kann mit langwierigen, belastenden Untersuchungen verbunden sein. Bestehende Diagnostika liefern nicht immer hinreichend eindeutige Ergebnisse. Dies bedeutet neben physischen und psychischen Belastungen auch einen Zeitverlust und damit ein Fortschreiten der Erkrankung bis zum Beginn einer geeigneten Therapie.

Im Anschluss an eine hochspezifische Diagnose aufgrund der Individualisierten Medizin können Patienten dann präzise entsprechend ihrer molekularen Signatur und weiterer Einflussfaktoren behandelt werden. Für die medizinische Versorgung ergeben sich durch die Personalisierte oder Individualisierte Medizin künftig viele konkrete Vorteile:

Gezielte Vorbeugung von Krankheiten

Immer mehr Risikofaktoren können präzise für jeden Einzelnen bestimmt wer-den. Das Ziel ist, auf Basis dieser Informationen durch geeignete Maßnahmen dem Ausbruch von Erkrankungen vorzubeugen beziehungsweise diesen zeitlich zu verzögern oder abzumildern. So könnten im Rahmen von Vorsorgeuntersuchungen die individuellen Parameter erfasst und für jeden Einzelnen ein „Präventionsmodell" entwickelt werden. Mithilfe dieses Modells würden Vorschläge zur Vermeidung von Krankheiten simuliert und dann geeignete Maßnahmen empfohlen.

Frühzeitige Erkennung und Behandlung von Krankheiten

Die Früherkennung kann durch eine auf individuelle Faktoren ausgerichtete Di-agnostik deutlich verbessert werden. Sie schließt neben neu zu entwickelnden Biomarkern auch etablierte Methoden wie die Bildgebung und weitere diagnostische Verfahren ein. Durch eine eindeutige Zuordnung von ersten Krankheitsanzeichen soll eine frühzeitige Bestimmung einer Erkrankung und damit eine passgenaue Intervention möglichst zu Beginn oder sogar noch vor Ausbruch der Krankheit erreicht werden. Der Patient erhält – bereits bevor er eindeutige Symptome verspürt – eine gezielte Behandlung. Das Krankheitsleid wird gemindert und eine Heilung wird wahrscheinlicher.

Präzisere Diagnosen und wirksamere Therapien

Die engere Verzahnung von Diagnostik und Therapie – auch Theragnostik genannt – ermöglicht einerseits die Entscheidung über den Einsatz einer bestimmten Therapie sowie andererseits eine Überwachung der Dosierung und Wirkung von Heilverfahren im Rahmen der Therapiebegleitung. Muss der Arzt heute oft noch über „Versuch und Irrtum" die für den Patienten geeignete Behandlung erproben, kann er zukünftig mit sehr viel höherer Wahrscheinlichkeit eine wirksame Therapie verordnen. Dem Patienten bleiben unwirksame Behandlungen und unerwünschte Nebenwirkungen erspart.

Entwicklung neuer Therapieverfahren und Therapieprodukte

Für viele Erkrankungen stehen heute noch keine ursächlich wirkenden Behandlungsverfahren zur Verfügung. Neu entwickelte Arzneimittel und Heilverfahren könnten von der Frühversorgung bis zur Nachsorge einer Erkrankung patientenspezifischer eingesetzt werden. Als erster Schritt könnten bereits etablierte Verfahren auf ihre Wirksamkeit getestet werden, bevor das Medikament überhaupt verabreicht wird. Das Ziel ist eine deutlich verbesserte Wirkung von Behandlungsverfahren und Arzneimitteln bei Minimierung der Nebenwirkungen – insbesondere bei multimorbiden Patienten.

Alles in Allem: Die Personalisierte beziehungsweise Individualisierte Medizin eröffnet für die Zukunft große Chancen für unsere Gesundheit. Nur darf der enorme Forschungsaufwand nicht unterschätzt werden, der notwendig ist, bis all diese Ziele erreicht werden können.

Bis zur Routineanwendung müssen noch komplexe Fragen zu Wirksamkeit, Nutzen, Wirtschaftlichkeit, Sicherheit, Normung und Standardisierung durch entsprechende Studien beantwortet werden. Auch muss das Potenzial an Chancen und Risiken im Bereich der Individualisierten Medizin im Hinblick auf Patientenautonomie, Nichtdiskriminierung und Verteilungsgerechtigkeit untersucht werden.

Trotz dieser vielfältigen Herausforderungen: Die Personalisierte Medizin ist auf dem Vormarsch. Sie bietet viele Chancen für uns alle. Nutzen wir sie!

11. Bildung in der digitalen Welt

Bildung hat sich in unserer zunehmend digitalen Welt in den letzten Jahren gewandelt. Dieser Prozess wird sich künftig noch verstärken. „Googeln", Informationen auf Wikipedia lesen, eine Sprache mit einer Smartphone-App üben, Erklär-Videos oder Tutorials im Internet ansehen – digitale Technologien prägen uns schon heute, wie wir lernen und lehren.

Die weltweite Verfügbarkeit ständig aktualisierter Informationen sowie die Vernetzung von Lernenden und Lehrenden im Internet gestalten zunehmend Bildungsprozesse. Auch die wachsende Leistungsfähigkeit von Technologien der sogenannten „virtuellen" und „erweiterten Realität" werden in der Zukunft einen starken Einfluss darauf haben, was wir wie von wem lernen.

Das Bundesministerium für Bildung und Forschung hat das Meinungsforschungsinstitut TNS Emnid mit einer repräsentativen Umfrage „ZukunftsMonitor" zum Thema „Lehren, Lernen und Leben in der digitalen Welt" beauftragt. Die im Rahmen des „ZukunftsMonitors" befragten Bürgerinnen und Bürger sehen überwiegend Chancen beim Einsatz digitaler Technologien in der Bildung. Ein Fünftel äußert sich aber auch skeptisch und verbindet mit ihnen ebenso viele oder sogar mehr Risiken.

Die große Mehrheit erkennt an, dass der Einsatz digitaler Technologien in der Bildung unabdingbar ist, damit die Gesellschaft für die Herausforderungen des 21. Jahrhunderts gewappnet ist. Eine große Gruppe sieht zudem einen Zusammenhang zwischen digitalen Technologien in der Bildung und Innovation. Fast ein Viertel glaubt, dass sie unsere Gesellschaft in Zukunft innovationsfähiger machen.

Die Hälfte der befragten Bürgerinnen und Bürger ist auch der Meinung, dass digitale Technologien die Lust auf Lernen steigern können. Allerdings gibt es dabei große Unterschiede zwischen den Altersgruppen der Befragten: Die überwiegende Mehrzahl junger Menschen im Schulalter ist der Meinung, dass ihnen digitale Technologien mehr Lust auf das Lernen machen. Menschen mittleren Alters sehen das häufig ebenfalls so, bei einem wesentlichen Teil

lösen digitale Technologien aber keine größere Lern-
freude aus. Bei Menschen im Alter über 60 Jahren
reagiert sogar die Mehrheit skeptisch auf diese Aus-
sage.

Auch in einigen anderen Punkten herrscht Unei-
nigkeit oder sogar Skepsis. Zur Frage, ob bereits
Kleinkinder den Umgang mit digitalen Technologien lernen sollten, gibt es unter den Befragten kei-
nen Konsens. Eine große Zahl macht sich auch Sorgen, digitale Technologien könnten sich in Zukunft
negativ auf die Sozialkompetenzen auswirken. Und
eine Mehrheit der Bevölkerung sieht durch digitale
Technologien in der Bildung zudem den Einfluss
der Wirtschaft in einem kritischen Maß wachsen.

Eines scheint aber klar zu sein: Laut Ansicht einer
großen Mehrheit der Befragten führen digitale
Technologien zu veränderten Anforderungen an
Lernende und Lehrende – zum Beispiel durch die
steigende Informationsvielfalt. Eine neue Schlüssel-
kompetenz stellt daher das Finden und Beurteilen
von verfügbarem Wissen dar. Fast neun von zehn
befragten Bürgerinnen und Bürgern sehen auch die
Notwendigkeit, den Umgang mit digitalen Technologien in der Schul- und Berufsbildung stärker zu
verankern.

Handlungsbedarf für digitale Bildung

Sarah Henkelmann, die Sprecherin des Netzwerks Digitale Bildung, sieht akuten Handlungsbedarf für die Notwendigkeit digitaler Bildung. Sie präsentiert hierzu neun Thesen:

◎ Verantwortung:

Wer im Zeitalter der Digitalisierung gesellschaftlich verantwortlich entscheiden und handeln will, muss neue Technologien nicht nur nutzen, sondern sie auch verstehen.

◎ Chancengerechtigkeit:

Bildung für alle bleibt ein leeres Versprechen der Digitalisierung, solange nicht die Ausbildung einer Medienkompetenz für alle als dauerhafter Lernprozess gesichert ist.

◎ Innovationen:

Bleibt der digitale Wandel in Schulen und Hochschulen weiter außen vor, so fehlt der Wirtschaft die Basis für Innovationsfähigkeit. Denn Innovationen werden zukünftig fast ausschließlich digital gedacht werden.

◎ Kompetenzen für die Arbeitswelt:

Mit dem digitalen Wandel in der Arbeitswelt sind neue Kompetenzen gefragt, die kollaborative Arbeitsprozesse ermöglichen. Diese Kompetenzen müssen bereits in der Schule vermittelt werden.

◎ Industrie 4.0:

Wer die Chancen der Industrie 4.0 nutzen will, sollte zuerst dafür sorgen, dass Kinder und Jugendliche in der Schule 4.0 lernen dürfen.

◎ Globalisierung:

Um sich globalen Märkten zu öffnen, verlagern Unternehmen immer mehr Ressourcen und Prozesse in den digitalen Bereich. Hierfür sind Arbeitnehmer gefragt, die digitale Strukturen als Regel und nicht als Ausnahme verstehen.

◎ Integration:

Digitale Medien unterstützen die Integration geflüchteter Menschen, weil sie Lernprozesse individualisieren und effektiver gestalten.

◎ Fachkräftemangel:

Der Mangel an Fachkräften für Informations- und Kommunikationstechnologien, Internet-of-Things und Big Data wird zum Hemmschuh der wirtschaftlichen Entwicklung in Deutschland werden.

◉ Standortsicherung:

Mit der Digitalisierung wachsen neue Chancen für Städte und Regionen, sich als Standort zu positionieren, wenn sie sich der Digitalisierung öffnen. Der Erfolg einer Stadt, einer Region oder eines Landes wird zukünftig vor allem durch das Maß seiner Digitalisierung bestimmt werden.

Soweit die neun Thesen des Netzwerks Digitale Bildung, die vor allem die künftigen wirtschaftlichen Notwendigkeiten abbilden. Wie bei allen Themen der Bildung gibt es natürlich auch hier unterschiedliche Auffassungen und Bewertungen. Vor allem besteht die Notwendigkeit, dass sich der einzelne Mensch auch in Zeiten zunehmender Digitalisierung genügend Möglichkeiten erhält, seine Individualität und Persönlichkeit und seine Sozialkompetenz zu erhalten und zu entwickeln.

Kreativität als wichtige Schlüsselkompetenz

Kreativität und Innovationsfähigkeit zählen zu den wichtigsten Schlüsselkompetenzen für zukünftige Lebensqualität und Wettbewerbsfähigkeit. Aber wo lassen sich diese Zukunftskompetenzen erlernen? In den heutigen Schulen und Hochschulen oftmals nur begrenzt.

Nach Auffassung der Zukunftsforscher Reinhold Popp und Ulrich Reinhardt muss in den Schulen der Zukunft die kreative und innovationsorientierte Wissensaneignung im Mittelpunkt stehen. Dies funktioniert nur mit mehr multimedial unterstütztem, selbst organisiertem und forschendem Lernen, mit mehr fächerübergreifenden Projekten sowie mit einer neuen Schularchitektur.

Die zukunftsträchtige Förderung von Kreativität und Innovationsfähigkeit lebt von einer pädagogischen Grundhaltung: Respekt vor der Neugierde der Lernenden. Neugierde fördert Kreativität und Innovationsfähigkeit, die wiederum Motoren für soziale, kulturelle, technische, wirtschaftliche und politische Innovationen sind.

Albert Einstein ist ein prominenter Zeuge für die kreative Kraft der Neugier. Er hat sich selbst einmal

folgendermaßen eingeschätzt: „Ich habe keine besondere Begabung, sondern bin nur leidenschaftlich
neugierig."

Neugier treibt uns sicher nach vorne, ohne lebenslanges Lernen fallen wir jedoch ebenso sicher
wieder zurück. Da sich das für unsere Berufe rele-
vante Wissen extrem schnell wandelt, müssen sich
Arbeitnehmer schon jetzt und verstärkt in Zukunft
auf lebenslanges Lernen einstellen. Dafür ist einerseits jeder von uns selbst verantwortlich

An Universitäten und in Weiterbildungseinrich-
tungen von Firmen und Bildungsträgern werden
bereits heute unterschiedliche Formen virtueller
Hochschulen sowie des computergestützten Lernens
getestet. Ein Beispiel hierzu gibt Ulrich Eberl in seinem Buch „Zukunft 2050" zum künftigen Vorle-
sungsbetrieb der Universitäten:

„Solche globalen Internetvorlesungen sind ein
Vorgeschmack, wie Studenten künftig lernen werden: interaktiv, multimedial, unabhängig von Ort
und Zeit, in einer Mischung aus Präsenzveranstal-
tung und elektronischem Lernen. Die klassische
Vorlesung wird nicht verschwinden, weil der per-
sönliche Austausch unter den Studierenden und die

Betreuung durch Tutoren extrem wichtig sind, aber sie werden multimedial ergänzt werden – gerade auch im Hinblick auf die spätere Arbeit in weltweiten Teams.

Warum sollte ein Student aus München künftig nicht am Vormittag eine Veranstaltung an seiner Uni besuchen, am Nachmittag an einer Internetvorlesung eines Nobelpreisträgers am Massachusetts Institute of Technology in Boston teilnehmen und sich am späten Abend noch mit Studienkollegen in Kalifornien und Japan zusammentun, um eine gemeinsame Forschungsarbeit voranzubringen: In einem virtuellen Raum mit Videoverbindung und Dokumenten-Sharing?"

In der globalisierten Welt des Jahres 2050 werden sich nicht nur die Firmen, sondern auch die Ausbildungseinrichtungen im ständigen Wettbewerb befinden. Bildung und Vermittlung von Wissen werden zur Handelsware werden. Künftig haben dann vor allem diejenigen die besten Chancen auf dem Arbeitsmarkt, die neben einem guten Fachwissen auch gelernt haben, weltoffen und marktorientiert zu denken und in internationalen Teams zu arbeiten.

12. Ausblick

Am Anfang des 21. Jahrhunderts stehen wir – wie es der langjährige Vorsitzende des Weltwirtschaftsforums Klaus Schwab formuliert – am Beginn der Vierten Industriellen Revolution. Dies ist der Beginn eines tiefgreifenden Wandels, der unsere Art zu leben, zu arbeiten und miteinander zu interagieren, grundlegend verändern wird.

Technische Innovationen erzielen Durchbrüche und verstärken sich gegenseitig. Künstliche Intelligenz, Internet der Dinge, 3D-Druck, Nano-, Bio- oder Gentechnologie, Robotik und viele andere Technologien führen durch Vernetzungen und Querschnittswirkungen zu überraschenden neuen Lösungen. Das Tempo und die Breitenwirkungen sind selbst für Experten kaum noch einschätzbar.

Rechenleistungen, Speicherkapazitäten und der Zugang zu Wissen stehen für bald Milliarden von Menschen in einem bisher unbekannten Umfang zur Verfügung. Der technologische Wandel hat das Potenzial, die Fliehkräfte, die in unserer Gesellschaft angelegt sind, noch zu verstärken. Die Beschleunigung ist spürbar. Die Wellen des technischen Fortschritts erreichen uns in immer kürzeren Abständen.

Kann in dieser Umbruchphase unsere Gesellschaft stabil bleiben? Kann in der Vierten Industriellen Revolution der soziale Zusammenhalt gewahrt werden, der Zusammenhalt zwischen Wohlhabenden und Geringverdienern, zwischen Hochqualifizierten und gering Qualifizierten, zwischen Stadt und Land, Ost und West? Können wir den Trend der Polarisierung unserer Gesellschaft umkehren? Und wenn ja, wie? Zahlreiche Fragen lassen sich gegenwärtig nicht schlüssig beantworten.

Vieles, was vor 20 Jahren noch undenkbar erschien, ist jetzt in greifbare Nähe gerückt. Die selbstfahrenden Autos sind bereits im Probebetrieb und werden in wenigen Jahren zur Realität im Alltagsverkehr. Selbst fliegende Autos gibt es schon, auch wenn diese Prototypen noch keineswegs für einen breiteren Einsatz geeignet sind.

Den Deutschen Zukunftspreis hat zuletzt ein Forscherteam aus Hannover und München erhalten, das zuvor jahrelang am Institut für Robotik und Mechatronik des Deutschen Zentrums für Luft- und Raumfahrt geforscht hatte. Die Preisträger haben ein neuartiges Konzept für kostengünstige, flexible und intuitiv bedienbare Roboter geschaffen. Es macht Roboter zu Kollegen und Helfern des Menschen und erschließt eine breite Palette neuer Anwendungen, etwa in der Industrie und in der Unterstützung alter, kranker oder behinderter Menschen.

Im Verlauf der Vierten Industriellen Revolution wird alles, wirklich alles miteinander vernetzt werden: das Smartphone mit dem Kühlschrank, das Auto mit dem Haus, die eine Fabrik mit der anderen, die Maschine in Deutschland mit der Maschine in Indien oder Japan, das intelligente Pflaster auf unserer Brust mit unserem Arzt. Es ist das Ende der rein mechanischen Welt.

Ausländische Plattform-Player, insbesondere aus dem Silicon Valley, wie Amazon, Google (Alphabet), Uber, Airbnb oder Booking.com verändern die Spielregeln in vielen Branchen. Der Einzelhandel, die Musikindustrie, die Touristikbranche und die Medienindustrie durchleben diesen Wandel bereits seit längerem. In anderen Bereichen wie Finanzwesen, Transport und Logistik oder Maschinenbau hat der Wandel gerade begonnen.

Die Vielzahl und das Tempo der Umbrüche löst natürlich auch Ängste aus. Insbesondere die Arbeitswelt steht unter Druck. Hat am Ende der Siemens-Chef Joe Kaeser Recht, wenn er meint, dass „absehbar einige auf der Strecke bleiben, weil sie mit der Geschwindigkeit auf der Welt einfach nicht mehr mitkommen". Brauchen wir deshalb zwar noch nicht jetzt, aber in einigen Jahren ein bedingungsloses Grundeinkommen? Oder schafft auch die neue Arbeitswelt genügend Arbeit für möglichst viele?

Was passiert, wenn die Künstliche Intelligenz einmal die Menschen bei vielen Aufgaben übertrifft? Können Wirtschaft und Gesellschaft die Stärken der Künstlichen Intelligenz gezielt nutzen oder kommt es zu unkalkulierbaren Verwerfungen? Auch diese Fragen lassen sich derzeit nicht schlüssig beantworten.

Wie der technologische Wandel unser Leben durchdringt, lässt sich gut am Beispiel Smartphone zeigen. Erst seit 2007 gibt es diese leistungsfähigen „Alleskönner", die nicht nur die Jugendlichen, sondern auch die Erwachsenen in ihren Bann gezogen haben.

Künftig werden Smartphones noch wesentlich stärker mit anderen Geräten vernetzt werden: mit unseren Autos, mit Smartwatches, die unseren Puls messen oder mit Wearables, Kleidung, die zum Beispiel über Schweiß unsere Fitness untersucht. Durch immer stärkere Prozessoren, bessere Vernetzung und Innovationen werden Smartphones immer mehr Funktionen wie mobiles Bezahlen, Smart-Home-Steuerung und vieles anderes übernehmen.

Ist aber die ständige Erreichbarkeit im Beruf und im Privatleben durch die Smartphones nur ein Vorteil oder auch eine Belastung? Deutsche schauen durchschnittlich 88mal täglich auf ihr Handy, Jugendliche sogar noch häufiger. Welche Folgen ergeben sich daraus? Ist, wie von manchen bereits gefordert wird, eine „Handy-Diät" notwendig?

Die Risiken einer exzessiven Nutzung von Smartphone, Computerspielen und Internet liegen auf der Hand. Allein in Deutschland kommen etwa 560.000 Menschen nicht mehr vom Computer oder Smartphone los. Wer permanent im Internet unterwegs ist und dabei Freunde, Familie und Hobbys vernachlässigt, kann bereits suchtgefährdet sein.

Viele weitere Probleme begleiten uns auf dem Weg in die Zukunft. Cybergewalt, Cybermobbing, Cyberstalking und Cybersexismus sind oft die Fortsetzung der Gewalt im realen Raum mit digitalen Mitteln. Datensicherheit und Datenschutz sind schwer zu regeln, wie zum Beispiel die Datenpannen bei Facebook zeigen.

Hackerangriffe sind trotz vielfältiger Sicherungssysteme nicht völlig zu verhindern. Selbst verschlüsselte E-Mails, die bisher als absolut sicher galten, weisen neuerdings erhebliche Sicherheitslücken auf.

Allein diese wenigen Beispiele zeigen: Technischer Fortschritt hat auch Schattenseiten. Derartige Entwicklungen dürfen uns nicht entgleiten. Staat, Gesellschaft und Wirtschaft müssen deshalb mehr als bisher dafür sorgen, dass künftige Entwicklungen der Allgemeinheit nutzen und nicht schaden. Zweifellos eine Herkulesaufgabe. Aber dazu gibt es keine Alternative.

Literatur

Bertelsmann-Stiftung: 2050: Die Zukunft der Arbeit. Ergebnisse einer internationalen Delphi-Studie des Millenium Project, Gütersloh 2016

Biocom AG: Biotechnologie.de, Die Internetplattform, Berlin 2016

Bundesministerium für Bildung und Forschung: Aktionsplan Individualisierte Medizin, Ein neuer Weg in Forschung und Gesundheitsversorgung, Berlin 2013

Bundesministerium für Bildung und Forschung: Zukunft der Arbeit. Innovationen für die Arbeit von morgen, Bonn 2016

Bundesministerium für Bildung und Forschung: Zukunftsbild „Industrie 4.0", Bonn 2016

Bundesministerium für Bildung und Forschung: ZukunftsForum I: Gesundheit neu denken, Der ZukunftsMonitor, Berlin 2015

Bundesministerium für Bildung und Forschung: ZukunftsMonitor III, Lehren, Lernen und Leben in der digitalen Welt, Berlin 2016

Bundesministerium für Verkehr und digitale Infrastruktur: Verkehr und Mobilität in Deutschland, Berlin 2016

Bundesministerium für Wirtschaft und Energie: Fortschrittsbericht: Digitalisierung der Industrie – Die Plattform Industrie 4.0, Berlin 2016

Bundesministerium für Wirtschaft und Energie: Monitoring-Report, Wirtschaft DIGITAL 2016, Berlin 2016

Claussen, Thies: Grundlagen der Güterverkehrsökonomie, Hamburg 1979

Claussen, Thies: Fünf Megatrends bestimmen unsere Zukunft, in: Klartext, 3/2018

Claussen, Thies: Unsere Zukunft. Wie leben wir 2050?, Hamburg 2017

Claussen, Thies: Verkehr der Zukunft: Ist unsere Mobilität auch künftig gewährleistet? , in: Verkehr und Technik, 9/2017

Claussen, Thies, Hurtmanns, Frank: Digitalisierung: Mehr Innovationen wagen! , in: LGAD-Nachrichten 6/2017

Club of Rome: Die Grenzen des Wachstums, Stuttgart 1972

Eberl, Ulrich: Zukunft 2050. Wie wir schon heute die Zukunft erfinden, Weinheim-Basel, 2011

Fraunhofer-Institut für System- und Innovationsforschung ISI: VIVER, Vision für nachhaltigen Verkehr in Deutschland, Working Paper Sustainability and Innovation, No. S 3/2011, Karlsruhe 2011

Harari, Yuval Noah: Eine kurze Geschichte der Menschheit, München 2013

Harari, Yuval Noah: Homo Deus. Eine Geschichte von Morgen, München 2017

Henkelmann, Sarah: Neun Thesen zur Digitalen Bildung, Zukunft. Lernen!, www.netzwerk-digitale-bildung.de

Horx, Matthias: Das Megatrend-Prinzip. Wie die Welt von morgen entsteht, München 2014

Institut für Arbeitsmarkt- und Sozialforschung: Arbeit der Zukunft: Wie sich die Arbeitswelt 2035 von heute unterscheidet, in: Wirtschaftswoche vom 28.4.2015

Kaku, Michio: Die Physik der Zukunft. Unser Leben in 100 Jahren, Hamburg 2013

Opaschowski, Horst W.: So wollen wir leben. Die 10 Zukunftshoffnungen der Deutschen, Gütersloh 2014

Opaschowski, Horst W.: Deutschland 2030. Wie wir in Zukunft leben, Gütersloh 2013

Orwell, George: 1984 („Nineteen-Eighty-Four", 1949), München 2002

Popp, Reinhold/Reinhardt, Ulrich: Blickpunkt Zukunft, Berlin 2013

Randers, Jorgen: 2052: Eine globale Prognose für die nächsten 40 Jahre. Der neue Bericht an den Club of Rome, München 2014

Schwab, Klaus: Die Vierte Industrielle Revolution, München 2016

Siemens AG: Die Zukunft der Industrie, Globale Siemens-Website, München 2016

Smith, Laurence C.: Die Welt im Jahr 2050. Die Zukunft unserer Zivilisation, München 2014

Statistisches Bundesamt: Alterung der Bevölkerung durch aktuell hohe Zuwanderung nicht umkehrbar, Wiesbaden, Pressemitteilung Nr. 021 vom 20.1.2016

Statistisches Bundesamt: Neue Bevölkerungsvorausberechnung für Deutschland bis 2060, Wiesbaden, Pressemitteilung Nr. 153 vom 28.4.2015

Statistisches Bundesamt: Statistisches Jahrbuch Deutschland und Internationales, Wiesbaden 2015

Töpfer, Klaus / Yogeshwar, Ranga: Unsere Zukunft. Ein Gespräch über die Welt, München 2011

Vereinigung der Bayerischen Wirtschaft/Prognos AG: Bayerns Zukunftstechnologien, München 2015

Werner, Kathrin: Mehr Freizeit, gleiche Arbeit. In Stephan Aarstols Firma gehen alle um 13 Uhr nach Hause, in: Süddeutsche Zeitung vom 7.9.2016

Yogeshwar, Ranga: Nächste Ausfahrt Zukunft. Geschichten aus einer Welt im Wandel, Köln 2017

FSC
www.fsc.org
MIX
Papier | Fördert
gute Waldnutzung
FSC® C083411

Zeitfracht Medien GmbH
Ferdinand-Jühlke-Straße 7
99095 Erfurt, Deutschland
produktsicherheit@kolibri360.de